TEXT+KRITIK

Heft 230
LORIOT
April 2021

Gastherausgeberinnen: Anna Bers und Claud[illegible]randt

INHALT

Anna Bers / Claudia Hillebrandt

Sitzmöbel und Schieberhut

Richtungsweisendes

Folgen Sie der Aufforderung des Titelporträts dieses Bandes: Loriot als Mann mit Landgut und Schieberhut lädt die Betrachtenden dazu ein, ihm und seinem Korbstuhl in die Tiefe der Landschaft zu folgen. Kostüm und Requisite sind bruchlos vertraut. Die offenherzige Geste und das für Loriot-Bildnisse eher seltene Halbprofil in Bewegung sind es weniger. Kanonische Bildnisse Vicco von Bülows zeigen seine Frontalansicht (fakultativ auch die seiner Möpse) und setzen auf Statik und auf in üblicher Verwendungsweise genutzte Sitzmöbel. Die Dynamik des Titelbildes kann dagegen vermuten lassen, dass es im Schatten noch mehr zu entdecken gibt als den Schmunzler auf dem Sofa. Dieser Band ist eine Einladung, den bürgerlichen Korbstuhlkomiker, aber auch die unbekannteren Seiten Loriots besser kennenzulernen.

Eine der schärfsten Abrechnungen mit Loriots Werk stammt aus der Feder von Wolfgang Hildesheimer. Am Ende seiner Rezension von »Loriots heile Welt. Neue gesammelte Texte und Zeichnungen« resümiert er 1973 im »Spiegel«: »Loriots Beliebtheit beruht auf einem programmatischen Sieg der Unschuld, der die Frage, wo denn das Positive bleibe, verstummen läßt. Er führt es vor mit seinen Figuren, und es ist ihm immerhin gelungen, mit seinem Standardmännchen einen Archetypen zu prägen, den kleinen Begleiter, den harmlosen Vergnügenspender für viele. Das macht ihn – ich hoffe, das Wort ist nicht zu hart – liebenswert.«[1] Aus dem Textzusammenhang wird deutlich, wie hart, ja, vernichtend das Wort »liebenswert« in Wirklichkeit ist. Es ist geradezu der Inbegriff all dessen, was laut Hildesheimer eben nicht zum Kern der komischen Kunst gehört oder jedenfalls gehören sollte: »Loriots wachsende Popularität beruht zum großen Teil auf der dezidierten Entscheidung für den low brow-Stil, auf seiner (…) Parteinahme für ein Publikum, das mit ihm alles verdrängt, was sticht, verletzt und schmerzt.«[2] Subtiler und böser kann man den satirischen Charakter von Loriots Schöpfungen kaum bestreiten.

Doch dieses Urteil mag aus heutiger Sicht vorschnell gefällt sein. Loriot selbst jedenfalls hat wiederholt den satirischen Anspruch seiner Zeichnungen, Sketche und Filme hervorgehoben. Vor diesem Hintergrund überrascht die Tatsache, wie wenig auch neun Jahre nach Loriots Tod bisher über Stoßrichtung, Verfahren und Hintergründe seines Humors geschrieben wurde.[3] Als Vertreter des schwarzen Humors wird man ihn wohl schwerlich gelten lassen können, doch dass sein komischer Kosmos wirklich so harmlos ist, wie von Hildesheimer behauptet, wäre erst noch zu zeigen. Die Beobachtungen der in diesem Band versammelten Beiträge bestätigen Hildesheimers Vorwurf der reinen Liebenswürdigkeit nicht. Vielmehr zeichnen sie ein differenzierteres Bild des Humoristen Loriot und seiner Schöpfungen.

Die Beiträge bieten einen Überblick über die Zielrichtung von Loriots Satire, Medien seiner Kunst und einzelne prominente Themen seiner Komik.

BRD, Bildungsgut und Bildschirm – Gegenstände der Komik: Christoph Classen rekapituliert die mal skandal-, mal einträchtige Beziehung zwischen Loriots Kunstwerken und ihrer Gegenwart in der Nachkriegs-BRD. Tom Kindt geht auf die Suche nach spezifisch deutschen Traditionslinien des Loriot'schen Humors. Eckhard Pabst identifiziert eine Sehnsucht nach Werten und Ästhetiken einer unerreichbar vergangenen bürgerlichen Welt, deren Nachklang die Komik Loriots nährt.

Cartoon, Sketch, Operntexte – Medien der Komik: Gertrud Vowinckel-Textor betrachtet Loriots Ursprünge im Genre des Cartoons vor dem Hintergrund der Bildtraditionen, in denen sie stehen. Felix Reuter spürt der Verweisdichte in Loriots Sketchen nach und verknüpft diesen Nachweis mit der Forderung nach einer Gesamtausgabe, die diese formen- und facettenreichen Bezüge auch späteren Generationen verfügbar macht. Claudia Hillebrandt untersucht Loriots spezifisch affirmativ-komischen Zugang zur Welt der Oper, insbesondere zu Richard Wagner.

Paare, Dreidimensionales, Vierbeiner – Themen der Komik: Ulla Fix deckt mit den Mitteln der Gesprächsanalyse Loriots Rezept genüsslich inszenierten Kommunikationsversagens auf und differenziert dessen erlesene Zutaten: verschiedene Arten der Kooperationsverweigerung. Anna Bers nimmt die nur scheinbar immergleichen bürgerlichen Stadtvillen in Loriots Filmen in den Blick und erschließt deren Zeichencharakter als Summe des Sketch-Werkes. Stefan Neumann verfolgt schließlich die Spur eines heimlichen Hauptdarstellers in Loriots Werk: des Hundes, und zeigt auf, welche Funktion dieser für Loriots Entlarvung menschlicher Schwächen hat.

Es gäbe noch viele weitere Winkel und Ecken im Loriot'schen Werk zu begutachten: Bereiche, die in dieser kleinen Zusammenschau fehlen, sind zum Beispiel Loriots Wirken in der DDR und die Frage, warum Loriots Humor außerhalb des deutschsprachigen Raums noch immer keinen Anklang findet und etwa französische Schulklassen konsterniert zurücklässt. Auch Details seiner Sprachkunst bedürften weiterer Untersuchung ebenso wie Loriot als Autor von Schrifttexten. Zu fragen wäre, wie subversiv eigentlich sein Geschlechterbild ist, wenn man ihn gleichzeitig für einen Kritiker von Hetero-Normen[4] und einen Gewährsmann für die Güte traditionell-ungleicher Rollenverteilung halten kann.[5] In diesem Sinn kann man sich zukünftig eine intensivere wissenschaftliche Landschaftspflege in Loriots Garten wünschen als bisher.

Die Loriot-Landschaft, in die uns sein Titelporträt einlädt, zeigt sich demnach vielgestaltig. Wichtige Landmarken sind jedoch aus vielen Perspektiven zu erkennen: Seine Komik entsteht oft im Kollaps des Regelkanons von Benimm und Biedermeier. Der bürgerliche Bürgerversteher Loriot setzt auf Zitat und Hochkultur und gönnt seinesgleichen den Genuss, die Welt der schönen Kunst niemals aus-, immer wieder aber im Modus des Connaisseurs, der Connaisseuse anzulachen. Mops und Steinlaus, Lametta und Jodeldiplom treffen einen offenbar zeitlosen Humornerv und sind erstaunlicherweise auch noch Menschen geläufig, die so jung sind, dass sie als Zeitzeuginnen und Zeitzeugen vielleicht gerade noch Loriots 70. oder 80. Geburtstag zur Kenntnis nehmen konnten.

So geschieht es bis heute, dass ein gescheiterter Dialog zwischen den eigenen Eltern, eine wohlplatzierte Interjektion wie »Ach was!?« oder eine ironische Alltagsgeste in stillem oder euphorischem Einverständnis zwei Menschen verbindet, die feststellen: »Das ist doch wie bei Loriot.« Nicht selten schließt sich an diese Erkenntnis ein Rezitations-Duett oder -Duell (je nachdem) aus jenen Zitaten und Gesten an, die bis heute im Gedächtnis so vieler präsent sind. Die Herausgeberinnen fordern Sie dazu auf, Ihren eigenen Fundus zu bemühen, um mit den Worten von Opa Hoppenstedt, Frau Blöhmann, Heinrich Lohse, Wum und Wendelin, Herrn Doktor Klöbner, Frau Tietze, Herrn Meckelreiter oder einer anderen zeitlosen Figur diesem Band ein Motto zu geben.

»……………………………………..« Loriot

1 Wolfgang Hildesheimer: »Nackte Frau auf Bratenplatte. Wolfgang Hildesheimer über: ›Loriots heile Welt‹«, in: »Der Spiegel« 19 (1973), S. 169. — **2** Ebd. — **3** Vgl. die Auswahlbibliografie bei Stefan Neumann: »Loriot und die Hochkomik. Leben, Werk und Wirken Vicco von Bülows«, Trier 2011, S. 429–440. — **4** Vgl. Michel op den Platz: »›Männer sind … Und Frauen auch … Überleg dir das mal!‹ Wider die heteronormative Lesart von Geschlechterbildern im Werk Loriots«, Würzburg 2016. — **5** Vgl. Jean-Martin Büttner: »Sagen Sie jetzt nichts«, in: https://www.tagesanzeiger.ch/bitte-sagen-sie-jetzt-nichts-762313432024 (11.12.2020).

Christoph Classen

Lachen nach dem Luftschutzkeller

Loriot in der bundesdeutschen Nachkriegsgesellschaft

»... es muß in der Bundesrepublik bestürzen, daß der deutsche Humor, als Qualitätserzeugnis einst auf dem Weltmarkt führend, heute kaum 0,02 Prozent der Exportquote ausmacht ...«
Loriot[1]

Das mehrbändige autobiografische Romanwerk des Schauspielers und Schriftstellers Joachim Meyerhoff ist nicht zuletzt ein bisweilen sehr komisches Sittengemälde der alten Bundesrepublik. Der zweite Teil handelt von der Kindheit und Jugend des Autors in den 1970er und 1980er Jahren. Hier findet sich die Episode vom Kanarienvogel der Familie, dem sein Bruder mühevoll mit Hilfe eines Kassettenrecorders den Satz »Ich heiße Erwin Lindemann« beigebracht hatte. Als der Vogel eines Tages entflog, war aus einem hohen Baum leise, aber unablässig zu vernehmen: »Ich heiße Erwin Lindemann, ich heiße Erwin Lindemann, ich heiße Erwin Lindemann ...«.[2] Diese Anekdote gleicht in ihrer Tragikomik jenem Fernsehsketch um den verwirrten Lottogewinner, den der Vogel zitiert. Vor allem aber zeugt sie von der Präsenz von Loriots Werk – und insbesondere seiner Fernseharbeiten – in der bundesdeutschen Nachkriegsgesellschaft. Nicht nur dieser Satz ist längst viel prominenter als der Film, auf dessen Titel er anspielt,[3] viele Formulierungen und Namen aus Loriots Werken sind mittlerweile zu stehenden Redewendungen geworden: vom Nostalgie-spöttischen »Früher war mehr Lametta« bis zum Interesse heuchelnden »Ach was?!« – die Beispiele ließen sich fortsetzen.

Schon aus Gründen der Arbeitsersparnis könnte man daher geneigt sein, dem nonchalanten Diktum des Historikers Christoph Stölzl zuzustimmen: »Wenn man die Geschichte unseres Landes nach dem Zweiten Weltkrieg schreiben will, kann man getrost auf die Tonnen bedruckten Papiers der Sozialforscher verzichten und sich Loriots gesammelten Werken zuwenden: *Das* sind wir, in Glanz und Elend«.[4] Allerdings kann man die Frage eben auch umdrehen: Wie konnte Loriots Humor zu einem Signum der bundesdeutschen Geschichte werden? Zumal Stölzl selbst treffend anmerkt: »Die junge Bundesrepublik, schwankend zwischen Katzenjammer und Verdrängung, war eigentlich kein idealer Ort für Ironie«.[5] Und das ist noch ein

Euphemismus für die selbstbezogene Larmoyanz und grassierende Verantwortungsabwehr der Zusammenbruchsgesellschaft.

Die Frage stellt sich umso mehr, als den Deutschen traditionell vieles nachgesagt wird, etwa der Hang zu »Sekundärtugenden«, mit denen man, Oskar Lafontaines bösem (gegen Helmut Schmidt gerichteten) Diktum zufolge, »auch ein KZ betreiben« könne,[6] aber gewiss keine Tendenz zu anarchischem Humor und Selbstironie. Letztere werden bekanntlich eher auf der britischen Insel verortet, zum Beispiel bei der Komikergruppe Monty Python, die solche Nationalklischees in ihrer etwa zeitgleich mit Loriots Fernseharbeiten in der BBC ausgestrahlten Show »Flying Circus« zum Thema gemacht hat: In ihrem Sketch »The Funniest Joke in the World« entwickeln die Briten während des Zweiten Weltkriegs als Waffe einen Witz, über den sich jeder (buchstäblich) totlacht, während die Deutschen mit ihrem in Peenemünde entwickelten »V-Joke« in England nur Befremden auslösen und daher den Krieg verlieren.[7]

Nun geben Nationalklischees zwar ein dankbares Feld für Satire ab, als Grundlage von Wissenschaft sind sie allerdings zu Recht aus der Mode gekommen. Will man also der Frage nach Loriots anscheinend bis heute ungebrochener Popularität nachgehen, dann bieten sich kultur- und sozialhistorische Zugänge an, insbesondere solche, die nach der Transformation der westdeutschen Gesellschaft nach 1945 fragen. In welche Diskurse hat er sich eingeschrieben, in welche gerade nicht? Dafür genügt es dann doch nicht, textimmanent zu arbeiten, auch wenn die Loriot-Gesamtausgabe, laut Axel Hacke, 1152 Seiten umfasst und 4,1 Kilogramm wiegt.[8] Den Ausgangspunkt bildet vielmehr die Historiografie der Bundesrepublik. Das »bedruckte Papier« der »Sozialforscher« wird dafür also zwar nicht tonnen-, aber doch auszugsweise herangezogen werden müssen.

Um Missverständnissen vorzubeugen: Gemeint ist dabei hier dezidiert die ›alte‹ Bundesrepublik, also Westdeutschland von 1949 bis 1990. Zwar hatte Loriot auch in der DDR eine große Fangemeinde, und er hat als geborener Brandenburger die Verbreitung seiner Werke im Osten stets gefördert: Neben der Publikation seiner Zeichnungen im Eulenspiegel-Verlag bereits in den 1970er Jahren gab es in den 1980ern auch zwei Ausstellungen seiner Zeichnungen in Brandenburg an der Havel und in Weimar sowie eine Lesung im Palast der Republik. Loriots Verhältnis zur DDR und zur Wiedervereinigung wäre ein eigenes, lohnendes Thema. Aber dies ändert nichts daran, dass sich sein Werk thematisch auf die bürgerliche, westdeutsche Gesellschaft bezieht. Die DDR kommt allenfalls ganz am Rande vor.

Aus Anlass des 50-jährigen Bestehens der Bundesrepublik hat der Hamburger Historiker Axel Schildt eine Typologie von Erzählungen ihrer Geschichte skizziert.[9] Die eher zeitgenössischen Entwürfe als reine Erfolgs- oder Misserfolgsgeschichte hat er dabei mit guten Gründen verworfen, übrig geblieben sind bei ihm Erzählungen als Modernisierungs-, als Westernisierungs- und als Belastungsgeschichte. Während die erste vor allem die sich rasch verändernden sozialen und wirtschaftlichen Bedingungen und Strukturen der entstehenden Konsumgesellschaft betont, steht die zweite für die politische und kulturelle Westbindung im Kalten Krieg, die daraus resultierenden kulturellen Einflüsse und Liberalisierungsprozesse. Die dritte schließlich rückt den Bruch und die Konsequenzen in den Vordergrund, die sich aus der moralischen und materiellen Katastrophe des Jahres 1945 ergaben. Dieses komplementäre Raster soll im Folgenden dazu dienen, der Beziehung zwischen Loriot und der deutschen Gesellschaft ein wenig näherzukommen.

Witz im Wirtschaftswunder. Loriot und die Modernisierung der Bundesrepublik

Vielleicht am offensichtlichsten sind die Bezüge Loriots zur Geschichte der Bundesrepublik als Modernisierungserzählung. Das betrifft zum einen ihre Medialisierung, also die wachsende Bedeutung der populären Massenmedien und die Durchsetzung des Fernsehens. Denn vor allem den nun populären, visuellen Medien verdankte Loriot seinen Erfolg: Seine ersten Zeichnungen und Satiren erschienen in der illustrierten Presse, unter anderem im »Stern«, in »Weltbild« und »Quick«. Schon ab Mitte der 1960er Jahre kam dann das noch junge, in bildungsbürgerlichen Kreisen ebenfalls wenig geschätzte Fernsehen hinzu, wobei er dort zunächst besonders mit Trickfilmen vertreten war, einem Medium, das bis dato allenfalls Kinder adressierte. Sein erster Kinospielfilm hatte dagegen erst 1988 Premiere.

Zum anderen war die sich entfaltende Konsumgesellschaft eines der zentralen Themen von Loriot: Immer wieder ging es bei ihm mit durchaus kulturkritischem Unterton um ihre vermeintlichen Segnungen, etwa die verlogenen Versprechen der Werbung, um besinnungslosen Konsum, die fragwürdigen kulturellen Leistungen der Massenmedien oder die problematischen Auswüchse der individuellen Motorisierung und des zunehmenden Tourismus. Dies lässt sich besonders an seinen Cartoons aus den 1950er und 1960er Jahren festmachen, ebenso wie an seinen Beiträgen zur Quick-Kolumne »Der ganz offene Brief« (1957–1961). Doch selbst in den späteren Fernseharbeiten sind diese Themen noch sehr präsent: Man denke nur an den Vertreterbesuch bei Familie Hoppenstedt oder die durch eine Betonwüste irrende Touristenfamilie auf der Suche nach dem Strand.

Der Umgang mit diesen Phänomenen und ihren kulturellen Konsequenzen bildet ein Kernthema des Frühwerks. Dabei scheint es sich bei der Gesellschaft, die Loriot porträtiert, stets um eine Art »nivellierte Mittelstandsgesellschaft« zu handeln, also Helmut Schelskys zeitgenössische Vorstellung einer hegemonialen Mittelschicht[10] – andere Milieus spielen kaum eine Rolle. Gewandet sind seine Parodien allerdings oft im Stil der untergegangenen Welt des frühen 20. Jahrhunderts: Die Männer tragen Stresemann, Fliege und Bowler, die Frauen geblümtes Kleid, »hier gibt es noch Hörrohre, Haarknoten und das Haustier als Problem«.[11] Jenes rückwärtsgewandte Dekor der frühen Bundesrepublik, an dem sich im Zuge der 68er-Bewegung oft die – freilich zu oberflächliche – Einschätzung als restaurativ festgemacht hat, es findet sich auch hier.

Die Komik Loriots in der frühen Bundesrepublik der 1950er und 1960er Jahre kann somit einem prominenten konservativen Diskurs zugeordnet werden, der die Dynamik der Wirtschaftswunder-Gesellschaft mit Skepsis betrachtete. Aber er tat dies nicht nur in anderen, ›modernen‹ Medien und an anderen Orten als der tonangebende konservative Mainstream, sondern auch in einer demokratisierten Form. Denn anders als die traditionellen Eliten, denen es dabei immer auch um die Verteidigung ihres gesellschaftlichen Status zu tun war, ließ Loriot keinen Zweifel daran, dass er sich als Teil dieser Gesellschaft betrachtete: Als Mediennutzer, Konsument, Autobesitzer und sogar Hersteller von Werbefilmen war er selbst gleichermaßen Verursacher wie Opfer der von ihm karikierten Modernisierungsfolgen. Daher scheint das sozialgeschichtliche Etikett für die Entwicklung der frühen Bundesrepublik von einer »Modernisierung unter konservativen Auspizien« (Christoph Kleßmann)[12] auch für Loriot zu passen.

Lachend auf dem langen Weg nach Westen?

Die Erzählung der kulturellen Westernisierung und Liberalisierung der Bundesrepublik ist zweifellos eng an Phänomene wie die Entwicklung des Massenkonsums und ihre Medialisierung gebunden, nur ist sie stärker auf kulturelle Transfers, auf die Einflüsse aus den Gesellschaften der westlichen Siegermächte, Phänomene der ›Amerikanisierung‹ und ihrer Abwehr bezogen. Zeitgenössisch spielten dabei überkommene binäre, antagonistische Vorstellungen von Hoch- und Populärkultur eine zentrale Rolle. Die Anstrengungen der kulturellen Eliten richteten sich auf eine Geschmacksbildung der Bevölkerung, die sich am klassischen, nationalen hochkulturellen Kanon orientierte. Demgegenüber galt die Populärkultur als ›amerikanisch‹, als minderwertig, wenn nicht schädlich. Gerade die jungen Medien Comic und Fernsehen sahen sich entsprechenden Ressentiments ausgesetzt.

Es ist daher wenig überraschend, dass die frühen Arbeiten Loriots zunächst keineswegs auf ungeteilte Zustimmung stießen, zumal sein Humor häufig auf Ironie basierte und bisweilen absurde Züge trug. Das betraf etwa die für den Stern 1953 entstandene Reihe »Auf den Hund gekommen«, deren Komik darauf beruhte, dass die Rollen von Menschen und Hunden konsequent vertauscht waren. Leser empfanden die Reihe damals als »ekelerregend und menschenunwürdig«, als »eine starke Herabsetzung des homo sapiens« und fragten, wann die »scheußlichen, menschenverhöhnenden Hundewitze« endlich aus dem Stern verschwänden.[13] Offensichtlich stellte gerade diese Konstellation für manche Deutsche, die zwar den Krieg, nicht aber ihr Gefühl von Überlegenheit verloren hatten, eine schwer erträgliche Provokation dar. Der Protest war so stark, dass Chefredakteur Henri Nannen die Serie nach nur sieben Folgen aus dem Blatt warf. Kein deutscher Verlag wollte die Zeichnungen seinerzeit drucken, sie erschienen daher im neu gegründeten Schweizer Diogenes Verlag.

Wenig später erhielt Loriot auch vom Verlag der Zeitschriften »Quick« und »Weltbild« eine Kündigung, da »sich unsere Leser mehr und mehr gegen Ihren Stil ausgesprochen haben« und er der Bitte, sich »ein bisschen mehr am Geschmack unserer vielen Leser zu orientieren«, nicht entsprochen habe.[14] Auch später noch wurden Loriots Zeichnungen als »seelisch geschädigt« und jugendgefährdend geschmäht, den Zeichner hätte ein Leser gern mit einem »kl. Fläschchen E 605« vergiftet.[15] Das lag wohl auch daran, dass er der Prüderie und Bigotterie der Adenauer-Ära einen Spiegel vorhielt. Seine erste Sendung bei Radio Bremen nannte er »Loriots sauberer Bildschirm«, eine Anspielung auf die Mitte der 1960er Jahre gegründete Initiative »Aktion saubere Leinwand«, die sich gegen die Darstellung von Nacktheit und Sexualität im Film richtete. Und erkennbar hatte er Spaß daran, in dieser Sendung mit sinnfreien Nacktszenen und anzüglichen Doppeldeutigkeiten zu provozieren. Es war daher kein Wunder, dass er auch noch in den 1960er und 1970er Jahren Politiker und Kirchenvertreter gegen sich aufbrachte. Als besonderer Stein des Anstoßes erwies sich dabei der schwarze Humor seines Gedichtes »Advent«: Für die rechtsextreme »Deutsche Wochenzeitung« war die (erneute) Ausstrahlung in der letzten Folge seiner TV-Reihe bei Radio Bremen im Dezember 1978 sogar Anlass, nach dem Staatsanwalt zu rufen.[16]

Besonders die verbreiteten Vorstellungen von sehr weitreichenden, unmittelbaren Wirkungen der Medien wurden für Loriot zum Problem. Die Zeitkritik, die er unter anderem in der »Quick«-Kolumne »Der ganz offene Brief« übte, führte regelmäßig zu Protesten von Lesern, denen die Ironie seiner Kommentare entging oder die ihm Geschäftsschädigung unterstellten. Eine Satire über chemische Zusätze im Wein führte schließlich das Ende der Reihe herbei. Schon zuvor hatte sich Loriot über solche Vorstellungen direkter Medienwirkungen mokiert: Beeindruckt von der »kühnen Härte« des Films »Mord am Abend« habe er auf dem Rückweg vom Kino eine »vollschlanke Dame« gefesselt und geknebelt »in einem Akaziengebüsch« abgelegt. Nun frage er sich, ob er »ein Opfer der Filmindustrie« geworden sei oder »dieser Vorfall irgendwelche Rückschlüsse auf mein Inneres zu(lasse)«.[17] Bezeichnenderweise blieb dieser Text unveröffentlicht. Tatsächlich wäre er wohl in einer Zeit kaum auf allgemeines Verständnis gestoßen, in der große Teile von Gesellschaft und Öffentlichkeit glaubten, Jugendkriminalität und -gewalt seien die direkte Folge von einschlägigen, primär aus den USA importierten medialen Darstellungen. Es fällt auf, dass sich bei Loriot zwar kulturkritische Ansätze finden, aber kaum Hinweise auf derartige antiamerikanische Konnotationen. Das war selbst bei seinem Freund und Nachbarn Manfred Schmidt anders, dessen sehr erfolgreiche, in der »Quick« erscheinende Comic-Folge »Nick Knatterton« ursprünglich als Parodie auf amerikanische Superhelden in Comics und Heftromanen angelegt war.

Aber war die Polarisierung, die Loriots Werk auslöste und seinen Erfolg zunächst erschwerte, auch ein direktes Ergebnis liberaler, westlicher Einflüsse? Loriot selbst hat bezüglich seines Zeichenstils westliche Vorbilder benannt, Einflüsse des britischen Humors jedoch zurückgewiesen. Ihm zufolge zeichne sich dieser durch eine Direktheit und Derbheit aus, die seinen Arbeiten fremd sei, auch interessiere ihn das Absurde nicht, sondern eine Komik, die aus Realitätsnähe entstehe.[18] Dafür scheint zu sprechen, dass Monty Pythons »Flying Circus« bei den Deutschen zunächst gar nicht gut ankam: Als Alfred Biolek die britischen Komiker überredete, zwei Folgen auf Deutsch zu produzieren, die der WDR Anfang 1972 ausstrahlte, erhielten sie in der Zuschauerbewertung die schlechteste Note, die jemals in Deutschland für eine Sendung vergeben worden ist.[19] Auch Wolfgang Hildesheimer hat Loriots Position indirekt bestätigt, indem er ihm in einer Rezension einen Mangel an »britischen« Ingredienzen wie Bosheit und Skurrilität vorgeworfen hat.[20]

Dagegen insistierte ein Nachruf auf Loriot darauf, dass »der einzige originär deutsche Beitrag zur Verwestlichung des deutschen Humors« von ihm stamme: Er habe den »Sonderweg« des deutschen Humors mit seinen betulichen und moralisierenden Traditionen gebrochen, ohne allerdings die britische Tendenz zur kalkulierten Geschmacklosigkeit und Elitenkritik zu übernehmen.[21] In der Tat zeigt schon das Beispiel des (von Hildesheimer geschätzten) Adventsgedichtes, dass es in Loriots Werk durchaus eine ›britische‹ Facette gab – die in Deutschland allerdings auch sehr wohl als geschmacklos empfunden wurde. Besonders bei den frühen TV-Arbeiten sind Bezüge zu britischen Vorbildern kaum zu leugnen: seien es während der Moderationen unmotiviert durchs Studio marschierende Dudelsack-Kapellen und Slapstick-Proben oder einzelne Sketche wie die Interview-Parodie »Der Astronaut«, die offensichtlich von John Cleese inspiriert war.[22] Zumindest dürften es solche Elemente gewesen sein, die häufig für

Ablehnung und Unverständnis sorgten, mit der auch die Reihe »Cartoon« des Süddeutschen Rundfunks (1967–1972) reichlich bedacht wurde – andererseits ließ gerade dies die Reihe in der Alterskohorte der rebellierenden Studierenden zu Kult werden.[23] Loriot bot offenbar auch auf der Ebene der Westernisierung ein Amalgam aus (vermeintlich) harmlosem ›deutschen‹ Humor mit an westlichen Vorbildern orientierten skurrilen, anarchischen und sozialkritischen Elementen.[24]

Humor nach Hitler

Damit bleibt als dritte und letzte Frage, wie sich der Humor Loriots zur Bundesrepublik als postfaschistischer Gesellschaft verhielt. Auch bei diesem Thema, das sei vorweggenommen, scheint es offensichtliche und dabei zugleich widersprüchliche Bezüge zu geben. Denn der totale Zusammenbruch auf moralischer und materieller Ebene, den der Nationalsozialismus nach sich gezogen hatte, wurde durch die westdeutsche Gesellschaft auf zwei Arten kompensiert, die eine Entsprechung bei Loriot haben: einerseits durch ein geradezu obsessives Streben nach Sicherheit und Ordnung, zum anderen – damit eng verbunden – durch eine spezifische Form politischer Abstinenz und Konfliktvermeidung.

»Hier kriegen Sie mit Sicherheit Spaß« – mit diesem Slogan bewarb Volkswagen Ende der 1970er Jahre sein Erfolgsmodell Golf. Mindestens so gut passt diese Doppeldeutigkeit allerdings zur Kultur der frühen Bundesrepublik. Denn bei retrospektiver Betrachtung fällt auf, wie sehr die Nachkriegsgesellschaft die traumatischen Erfahrungen von Krieg und Zusammenbruch in einer »Suche nach Sicherheit« kanalisierte.[25] Der angestrengte Versuch, sich der eigenen normativen und materiellen Grundlagen zu versichern, konnte viele Formen annehmen, neben dem bereits angesprochenen Beharren auf einer überkommenen Sexualmoral auch in fixierten Geschlechterrollen und traditionellen Konventionen und Benimmregeln. Das zwanghafte Streben nach Normalität schien stets durch Unordnung, Alterität und moralische Abweichung bedroht, und entsprechend humorlos wurden solche Entwicklungen betrachtet.

Es ist daher kaum ein Zufall, dass Ordnungsobsessionen und ihr Scheitern ein Grundmotiv in Loriots Werk darstellen. Sein »Großer Ratgeber« (1968) parodiert umfassend das Genre der Benimm- und Ratgeberliteratur und dessen formalisierte, dabei merkwürdig sinnentleerte Sprache. Im TV-Sketch »Zimmerverwüstung« (1976) mündet der zwanghafte Versuch, ein (modernes) Bild geradezurücken, im völligen Chaos. Alle bemühten Versuche des Protagonisten Lohse in Loriots zweitem Spielfilm »Pappa ante Portas« (1991), für die Zukunft vorzubauen, haben ähnlich katastrophale

Konsequenzen. Auch wenn hier gewiss eine selbstironische Komponente des als Perfektionisten bekannten Autors und Regisseurs anklingt, fällt es schwer, darin keine gesellschaftliche Dimension zu sehen. Loriot, so scheint es, wusste um die Vergeblichkeit derartigen Strebens angesichts der Kontingenz von Geschichte. Dabei mögen seine Erfahrungen im Krieg an der Ostfront von Bedeutung gewesen sein sowie die Zäsur des Kriegsendes, mit der sich scheinbar unumstößliche jahrhundertealte Traditionen der preußischen Adelsfamilie von Bülow auflösten.

Der zweite Aspekt der politischen Abstinenz und Konfliktvermeidung betrifft Loriots Strategie, sich konsequent von jeglicher Tages- und Parteipolitik zu distanzieren. Zwar finden sich vor allem in seinen frühen Werken durchaus politische Positionierungen: Wiederkehrende Themen sind unter anderem Kritik an Militarismus und atomarer Hochrüstung, am deutschen Autowahn und der Verharmlosung der Atomenergie. Aber die Kritik blieb stets auf einer recht allgemeinen Ebene, eine offene politische Parteinahme, wie sie etwa die Satirikerkollegen von der sogenannten »Neuen Frankfurter Schule« vollzogen, hat er peinlich vermieden. Auffällig ist auch, dass die wenig ruhmreiche Auseinandersetzung mit dem Nationalsozialismus bei ihm nie explizit zum Thema wurde. Sein Titelbild für die erste Ausgabe der linken Satirezeitschrift »Pardon« (1962) – ein typisches Loriotmännchen, das ein Blumenbukett samt Bombe mit brennender Zündschnur überreicht – verdankte sich vermutlich in erster Linie seiner Beziehung zu deren Chefredakteur beziehungsweise Verleger Hans A. Nikel und ist nicht primär als politisches Statement zu verstehen.[26] In den späteren Arbeiten traten politische Themen noch weiter in den Hintergrund. Mehr und mehr schienen sie nur als weiteres Feld von gescheiterter Kommunikation, einem Motiv vor allem des späteren Loriot, das freilich meist im Privaten angesiedelt war. In diesem Sinne, nämlich als auch auf der politischen Ebene grassierende Kommunikationsunfähigkeit, hat er sein Werk allerdings stets auch als politisch verstanden.[27]

Diese Zurückhaltung passte gut in die frühe Bundesrepublik, deren Bevölkerung sich nach der Überpolitisierung des Nationalsozialismus durch weit verbreitete Politikverdrossenheit und die Flucht in ein traditionelles, harmonistisches Politikideal auszeichnete. ›Gute‹ Politik wurde dabei notorisch in einer Sphäre ›über‹ den tagesaktuellen politischen Konflikten und den damit professionell befassten Instanzen vermutet. Eine solche Tendenz findet sich auch in Loriots Kritik am Politikbetrieb, die ebenfalls einen Schwerpunkt in seinem Werk bildet. Dabei geht es meist um die Phrasenhaftigkeit und Selbstbezogenheit der Politik, um den Opportunismus ihres Personals und den aus seiner Sicht unappetitlichen Stil der politischen Auseinandersetzungen. Gewiss ist dies vor dem Hintergrund der starken politischen Polarisierung im bundesdeutschen Politikbetrieb während des Kalten

Krieges und später auch des aufgeheizten politischen Klimas in den Auseinandersetzungen mit der außerparlamentarischen Opposition (APO) und besonders dem Linksterrorismus der RAF zu sehen. Zudem ging es ihm um den Konstruktionscharakter kategorialer Zuschreibungen wie »links« und »rechts«, deren unhinterfragte, normsetzende Kraft er absurd fand.[28]

Aber zugleich war seine Kritik an den Distinktionen des Politikbetriebs eben kompatibel zu einem in der Bundesrepublik verbreiteten Politikideal, das den Streit, die Interessenkollision und den Kompromiss als notwendige Elemente demokratischer Aushandlung von Politik nicht erkannte und schätzte. Loriots lager- und altersübergreifende Beliebtheit seit den 1980er Jahren dürfte nicht zuletzt hier eine ihrer Wurzeln haben. Gelegentlich hatte dies politische Konsequenzen, die ihm wie ein schlechter Witz vorgekommen sein müssen. Dazu gehört der offenbar ernstgemeinte Vorschlag, ihn zu einer Kandidatur als Nachfolger von Richard von Weizsäcker im Amt des Bundespräsidenten zu bewegen,[29] oder die Einschätzung der Stasi nach der Eröffnung einer Ausstellung seiner Werke im Brandenburger Dom, er habe »eine loyale politische Einstellung zur DDR«.[30]

Loriot selbst hat seine fehlende Bereitschaft, sich auf nur eine Profession festlegen zu lassen, einmal als »Preußische Hemmungslosigkeit« bezeichnet.[31] Man darf davon ausgehen, dass er an Oxymora per se Spaß hatte, aber dieses enthält auch jenseits dessen einen wahren Kern: Die Janusköpfigkeit der bundesdeutschen Nachkriegszeit zwischen konservativer Beharrung und dynamischer Öffnung spiegelt sich auch in seinem Werk. Insofern ist es nicht nur der zunehmenden Akzeptanz von westlicher Populärkultur (und Loriots sukzessiver Hinwendung zur klassischen Hochkultur wie Oper und Theater) zu verdanken, dass er am Ende vielen als Verkörperung des bundesdeutschen Humors, der »Hochkomik« (Bernd Eilert)[32] schlechthin galt und mit Ehrungen überhäuft wurde. Der Weg auf den Olymp des deutschen Humors erwies sich allerdings als lang und bisweilen steinig. Ohne ausgeprägte preußische Tugenden wie Disziplin und Härte gegen sich selbst wäre er vermutlich kaum zu meistern gewesen.

1 »Humor und Wirtschaftskrise. Ein Kommentar von Professor Klaus-Günther Weber«, in: »Cartoon«, Süddeutscher Rundfunk, 5.2.1967, zitiert nach: Loriot: »Gesammelte Prosa«, Zürich 2006, S. 272 f. — **2** Joachim Meyerhoff: »Wann wird es endlich wieder so, wie es nie war. Alle Toten fliegen hoch, Teil 2«, Köln 2013, S. 52 f. — **3** Erika Runge: »Ich heiße Erwin und bin 17 Jahre«, WDR 1970. — **4** Christoph Stölzl: »Wir sind Loriot oder Ein Preuße lockert die Deutschen«, in: Loriot: »Gesammelte Prosa«, a. a. O., S. 709–715, hier: S. 713 (Hervorh. im Original). — **5** Ebd., S. 712. — **6** Jürgen Serke: »Mein Sozi für die Zukunft«, in: »Stern«, 15.7.1982, S. 55 f. — **7** Monty Python: »The Funniest Joke in the World«, BBC, 5.10.1969. — **8** Axel Hacke: »Mein Loriot«, in: »Der Tagesspiegel«, 6.11.2003. — **9** Axel

Schildt: »Fünf Möglichkeiten, die Geschichte der Bundesrepublik zu erzählen«, in: »Blätter für deutsche und internationale Politik« 44 (1999), S. 1234–1244. — **10** Vgl. Hans Braun: »Helmut Schelskys Konzept der ›nivellierten Mittelstandsgesellschaft‹ und die Bundesrepublik der 50er Jahre«, in: »Archiv für Sozialgeschichte« 29 (1989), S. 199–223. — **11** Wolfgang Hildesheimer: »›Loriots heile Welt‹. Nackte Frau auf Bratenplatte«, in: »Der Spiegel«, 10.5.1973, S. 169. — **12** Christoph Kleßmann: »Ein stolzes Schiff und krächzende Möwen. Die Geschichte der Bundesrepublik und ihre Kritiker«, in: »Geschichte und Gesellschaft« 11 (1985), S. 476–494, hier S. 485. — **13** Loriot: »Möpse & Menschen. Eine Art Biographie«, Zürich 1983, S. 48. — **14** Peter Geyer: »Vorwort«, in: Susanne von Bülow / Peter Geyer / OA Krimmel (Hg.): »Loriot. Der ganz offene Brief. 115 ungewöhnliche Mitteilungen«, Hamburg 2014, S. 6–9. — **15** Loriot: »Möpse & Menschen«, a. a. O., S. 63, 89 und 96. — **16** »Der Mensch, der geht jetzt unter. André Müller spricht mit Loriot«, in: »Die Zeit«, 7.2.1992; Loriot: »Satire im Fernsehen«, in: Ders.: »Gesammelte Prosa«, a. a. O., S. 401–408, hier S. 408. — **17** von Bülow u. a.: »Loriot. Der ganz offene Brief«, a. a. O., S. 270 f. — **18** »Wortwechsel. Interview mit Gero von Boehm«, Südwestfunk Baden-Baden, 17.1.1986. — **19** Auf einer Skala von +10 bis -10 lag die Bewertung bei -7; vgl. »›Man musste den Monty Python überzeugen, mitzumachen‹. Alfred Biolek über 40 Jahre Anarchohumor und die Herkunft des Wortes Spammail«, in: Deutschlandfunk, 5.10.2009 (Interview mit Gerwald Herter), https://www.deutschlandfunk.de/man-musste-den-monty-python-ueberzeugen-mitzumachen.694.de.html?dram:article_id=67657 (15.1.2021). — **20** Wolfgang Hildesheimer: »Loriots heile Welt«, a. a. O., S. 169. — **21** Hans-Dieter Gelfert: »Mit einem Lachen nach Westen«, in: »Die Welt«, 27.8.2011. — **22** Henner Löffler: »Loriot-Sketch hatte Vorbild. Der Astronaut lernte vom Tiefseetaucher«, in: FAZ-Net, 6.1.2015, https://www.faz.net/aktuell/feuilleton/buehne-und-konzert/sketch-von-loriot-hat-quelle-bei-john-cleese-13354667.html (15.1.2021). — **23** Vgl. die autobiografische Darstellung des damaligen dffb-Studenten Stefan Lukschy: »Der Glückliche schlägt keine Hunde. Ein Loriot-Porträt«, Berlin 2015, S. 6 f. — **24** Neben Gelfert: »Mit einem Lachen nach Westen«, a. a. O., vgl. in diesem Sinne auch Claudia Neumann: »Nonsense versus Tiefsinn? Ein interkultureller Vergleich der Fernsehsketche von Loriot und Monty Python: Über den deutschen und englischen Humor«, Magisterarbeit, Humboldt-Universität zu Berlin, Berlin 2001. — **25** So die programmatische Formulierung von Eckart Conze; vgl. Ders.: »Sicherheit als Kultur. Überlegungen zu einer ›modernen Politikgeschichte‹ der Bundesrepublik Deutschland«, in: »Vierteljahrshefte für Zeitgeschichte« 53 (2005), H. 3, S. 357–380. — **26** Vgl. Loriot: »Biographie«, Manuskript: Dieter Lobenbrett, München 2011, S. 94. — **27** Vgl. »Gespräch mit Marianne Koch«, 3 nach 9, Radio Bremen, 23.3.1979. — **28** Deutlich wird dies etwa, wenn er bei einer Preisverleihung 1983 die links im Saal Sitzenden bat, sich zu politischen Orientierungszwecken zu erheben, nur um anschließend zu sagen: »Sehen Sie, meine Damen und Herren: Das sind die Linken!«; vgl. Loriot: »Gesammelte Prosa«, a. a. O., S. 552; bemerkenswert scheint hier die Nähe zu sehr ähnlich gelagerten Positionen der kritischen Diskurstheorie, etwa bei Jürgen Link. — **29** »Loriot soll's machen«, in: »die tageszeitung«, 21.9.1993, S. 16. — **30** »Loriot und die Stasi«, in: »Berliner Kurier«, 2.8.2012. — **31** »Gespräch mit Axel Corti«, 3 nach 9, Radio Bremen, 18.11.1988. — **32** Vgl. Stefan Neumann: »Loriot und die Hochkomik. Leben, Werk und Wirken Vicco von Bülows«, Trier 2011, S. 11.

Tom Kindt

Loriot und der deutsche Humor?

Während Tragik als etwas gilt, das sich auf der ganzen Welt gleicht, wird Komik eher als etwas wahrgenommen, das in verschiedenen Gegenden der Erde unterschiedliche Ausprägungen hat. In markanter Weise zeigt sich diese Sichtweise des Komischen in den seit dem 18. Jahrhundert verbreiteten Vorstellungen von nationalen Humorcharakteren – Vorstellungen etwa wie die, dass der britische Humor trocken sei, der französische schlüpfrig, der italienische politisch, der russische hintergründig und der deutsche nicht vorhanden. Was auch immer von solchen Stereotypen zu halten sein mag, offensichtlich ist, dass sie einigen Einfluss haben auf den Umgang mit Hervorbringungen, die komisch sind oder zumindest komisch gemeint.

Die Rezeptionsgeschichte Loriots liefert für diesen Einfluss Anschauungsmaterial in großer Fülle. Seit den 1950er Jahren hat er – zunächst mit Cartoons, später mit Fernsehsketchen und Kinofilmen – Menschen nicht allein zum Lachen gebracht, sondern immer wieder auch zum Nachdenken darüber, wo sein Schaffen auf einer Europakarte der Humortypen anzusiedeln sei. Und stets wiesen die Finger derjenigen, die über die Karte gebeugt grübelten, schnell und einvernehmlich in Richtung Großbritannien: Der Humor in Loriots Werken sei britisch, so gar nicht deutsch und nicht zuletzt deshalb so komisch.

Loriot selbst konnte damit wenig anfangen. Aus entsprechenden Kategorisierungen, so rühmend sie zweifellos gemeint waren, sprach ihm zufolge schlicht Unkenntnis britischen Humors[1] und überdies die deutsche Neigung, »jedes Ding in einer sauber etikettierten Schublade einzuordnen, um es im Griff zu haben«.[2] Geändert haben solche leise vorgebrachten Einwände wenig. Als Loriot 2011 starb, nahmen dies nicht wenige der vielen Nachrufe in Presse, Funk und Fernsehen zum Anlass, ausgiebig in der Kommode mit den nach Nationen sortierten Humorschubladen zu kramen. Viele Würdigungen feierten den Verstorbenen nicht zuletzt dafür, dass er, nach einem anregenden Blick in die britische Schublade, endlich etwas Vorzeigbares in die nahezu leere deutsche Schublade gelegt habe.[3]

Das ist eine schmissige These, und zu Loriots 100. Geburtstag im Jahr 2023 wird sie wieder landauf und landab vorgetragen werden. Aber stimmt sie auch? Die folgenden Betrachtungen sollen dies infrage stellen. Sie werden nicht bezweifeln, dass Loriots Komik britisch ist, aber andeuten, wie deutsch sie zugleich ist. Liegen zum Britischen bei Loriot bereits überzeugende Statements und Studien vor,[4] gilt das für das Deutsche nicht, obwohl er auf dessen Relevanz für sein Werk verschiedentlich hingewiesen hat.[5] Wenn dieser Relevanz nun nachgegangen wird, dann sollte sich dabei von selbst verstehen, dass vom »Deutschen« oder »Britischen« nicht im Sinne des Aufscheinens eines Volksgeistes oder Nationalcharakters, sondern im Sinne der Aufnahme von Traditionsfäden die Rede ist.

Ein solcher Faden führt von Loriot zurück zu Wilhelm Busch. Loriot war mit dessen Werken, wie er anlässlich der Verleihung des Busch-Preises im Jahr 2007 berichtet hat, gut vertraut und schätzte sie sehr.[6] Es ist augenzwinkernder Ausdruck dieser Wertschätzung, dass er die Familie, die das Personal vieler seiner Sketche stellt, nach einer Figur von Busch benannt hat. In der Bildergeschichte »Die Folgen der Kraft« von 1871 ließ Busch den Turner Hoppenstedt auftreten, der – rückblickend betrachtet – als würdiger Ahnherr der von Loriot in die Welt gesetzten Hoppenstedts erscheint: Mit »kühnem Mut« springt er aus seinem Bett und treibt das morgendliche Hanteltraining in »frisch-fromm-freier Tätigkeit« so weit, bis er schließlich durch den Boden seines Zimmers bricht und auf den Esstisch eines unter ihm wohnenden und natürlich gerade frühstückenden Ehepaares stürzt …[7]

Abb. 1: Turner Hoppenstedt

Mit Busch verbindet Loriot die Freude an verschiedenen Motiven und Situationen mit erprobtem Komikpotenzial, an menschlich agierenden Hunden etwa oder an turbulent verlaufenden Badeszenen. Wer Loriots »Herren im Bad«[8] mit Busch im Hinterkopf anschaut, dem wird der bundesrepublikanische Sketchklassiker wie eine im Stil des absurden Theaters bearbeitete Neuauflage von »Das Bad am Samstagabend« erscheinen, einer Bildergeschichte von 1869, in der zwei Brüder ein gemeinsames Bad nehmen, in einen heftigen Streit geraten und die geteilte Wanne am Ende – »Perdatsch!!« – zum Umkippen bringen: »Und die Moral von der Geschicht': / Bad' zwei in einer Wanne nicht.«[9] Aus den Jungen, die sich mit Händen und Füßen zusetzen, sind bei Loriot Herren geworden, die mit Worten streiten. Dass sich diese Herren aber mindestens ebenso kindisch benehmen wie Buschs badende Brüder, wird durch die bemüht kultivierten Umgangs- und Ausdrucksweisen, mit der sie über Stöpsel, Badeenten und Luftanhalten zanken, deutlich markiert.

Über Berührungspunkte auf der Motivebene hinaus weisen viele der komischen Geschichten von Busch und Loriot gemeinsame Grundzüge in der Auswahl des Personals und der Anlage der Dramaturgie auf.[10] Im Zentrum beider Werke stehen Figuren aus dem Bürgertum, deren ausgesprochen gewöhnliche Vorhaben sich als schiefe Ebene erweisen, auf der sie langsam, aber sicher in kleinere oder größere Katastrophen rutschen. Die Ursache der dargestellten Ketten von Fehlschlägen liegt dabei nur bisweilen darin, dass weitere Akteure auftreten und gegenläufige Pläne verfolgen. Zumeist scheitern die Figuren an der eigenen Unzulänglichkeit und an der bemerkenswerten Widerständigkeit der sie umgebenden Dingwelt, für die Friedrich Theodor Vischer die treffende Formel von der »Tücke des Objekts« geprägt hat.[11]

Musterbeispiele für Geschichten, die diesem Bauplan folgen und so die von Busch zu Loriot führende Traditionslinie in den Blick bringen, sind »Der vergebliche Versuch«[12] und »Das schiefe Bild«.[13] Beide Geschichten nehmen ihren Ausgang von Vorhaben, die so alltäglich sind, dass es kaum lohnend erscheint, von ihnen zu erzählen: In Buschs Bildergeschichte hat ein Herr Lehmann die Absicht, sich seine Zigarette an einer Kerze anzuzünden; in Loriots Sketch bemüht sich ein Beamter, während er auf die von der Hausangestellten angekündigten Herrschaften wartet, ein schief an der Wohnzimmerwand hängendes Bild geradezurücken. So anspruchslos die Vorhaben sind, sie misslingen: Der angetrunkene Lehmann schafft es nicht, seine Zigarette in die Flamme der Kerze zu halten; dem Beamten rutscht bei seinen gut gemeinten Anstrengungen das Bild aus dem Rahmen. Damit allerdings nicht genug: Die Fehlschläge setzen einen Dominoeffekt der Missgeschicke und Unfälle in Gang, der zu Zerstörung, weitreichender Verwüstung und einigen Verwundungen führt. Am Ende liegen Lehmann und der Beamte am Boden, begraben unter den Dingen, die der Umsetzung ihrer harmlosen Vorhaben in die Quere gekommen sind.

Abb. 2: Der vergebliche Versuch

Neben grundlegenden Gemeinsamkeiten lassen »Der vergebliche Versuch« und »Das schiefe Bild« aber auch einige markante Differenzen in der Art und Weise hervortreten, in der die Rutschpartien in die Alltagskatastrophe bei Busch und Loriot typischerweise gestaltet werden: Busch führt eine Figur vor, die zweifelhaften Neigungen nachgeht und dafür in schmerzhafter Weise die Konsequenzen zu tragen hat – versengte Haare, angeschmorte Nase, eine Schüssel über dem Kopf, eine Gabel im Hintern. Die Komik der Geschichte kippt immer wieder ins Groteske und mithin Nicht-mehr-Komische.[14] Die Freude, die Lehmanns fortgesetzte Missgeschicke hervorrufen, ist wesentlich Schadenfreude.

Bei Loriot wird die ähnlich strukturierte Geschichte in ganz anderer, für sein Schaffen freilich typischer Weise präsentiert. Wie »Der vergebliche Versuch« zeigt auch »Das schiefe Bild« einen Slapstick des Misslingens; der Sketch bedient sich hierzu aber nicht grotesker, sondern humoristischer Mittel – und er knüpft damit an eine Idee von Humor an, die im Kern auf Gotthold Ephraim Lessing zurückgeht und in der deutschsprachigen Literatur des 19. Jahrhunderts zu einem poetologischen Zentralkonzept aufsteigt. Nach dieser deutschen Tradition des Verständnisses von »Humor« bezeichnet der Begriff nicht allein die Aufgeschlossenheit gegenüber dem Komischen; er steht zugleich für eine grundsätzliche Gelassenheit gegenüber den Unzulänglichkeiten des Lebens, die als Voraussetzung der Aufgeschlossenheit gilt, und für eine wohlwollende Spielart des Komischen, die als Ausdruck dieser Gelassenheit verstanden wird.[15]

Loriots Werk, der Blick auf seine Figuren und deren Fehlschläge, ist deutlich durch diese Tradition geprägt. Er zeigt Geschöpfe wie den Beamten in »Das schiefe Bild«, die im Alltag durch Kleinigkeiten ins Stolpern gebracht werden; das Straucheln und Stürzen der Figuren soll bei ihm aber kein spöttisches oder hämisches Verlachen auslösen, sondern nachsichtiges oder sogar mitfühlendes Belachen ermöglichen. Das Unheil, in das Loriots Figuren geraten, wird von ihnen zumeist selbst in Gang gesetzt. Die Katastrophen sind jedoch keine gerechte Strafe für schlechte Neigungen oder üble Taten; sie sind Ausdruck einer Kontingenz, die alle Menschen mit Schwächen und Unzulänglichkeiten treffen und zu Fall bringen kann – also jede und jeden.

Die humoristische Ausrichtung von Loriots Komik speist sich zweifellos aus Menschenfreundlichkeit. Sie erklärt sich aber auch aus Überlegungen, wie sich mit komischen Geschichten tatsächlich eine sinnvolle Wirkung erzielen lässt: »Wenn man Satire in sehr aggressiver Form macht – was ich durchaus akzeptiere und respektiere –, halte ich das für gefährlich, denn die, die es angehen soll, die zuhören sollen, die machen die Scheuklappen runter und spielen nicht mehr mit, hören nicht mehr zu. Und dann entsteht eine Satire, die immer nur von denen gehört wird, die ohnehin dieser Ansicht sind und die gar nicht angegriffen werden sollen. Und das ist falsch. Man muss ja die Aufnahmebereitschaft erhalten.«[16] Loriot nutzt in seinen Sketchen, Cartoons und Filmen eine Bandbreite von Spielarten satirischer Komik, durchaus auch aggressive. Im Interesse, die »Aufnahmebereitschaft« des Publikums zu erhalten, verzichtet er aber konsequent auf Formen des Spotts, die allein auf Bloßstellung und Herabsetzung abzielen; es fehlt bei ihm nie die Einladung zur Anteilnahme am Schicksal der Verspotteten.

Ein weiterer deutscher Traditionsfaden, der im Gewebe von Loriots Werk immer wieder aufscheint und abschließend zumindest genannt werden soll, verbindet dieses mit Karl Valentin. Wie das Schaffen des bayerischen Komikers, den er als »großen Könner«[17] verehrte, wird das des preußischen Humoristen durch das Bewusstsein und die Begeisterung für die Absurditäten des menschlichen Lebens und gesellschaftlichen Miteinanders geprägt. Getragen von dieser Haltung wenden sich beide in ihren Werken mit verwandten Mitteln beharrlich zwei gemeinsamen Grundthemen zu.

Quelle des Komischen ist für Valentin und Loriot einerseits die Kommunikationsunfähigkeit der Menschen, ihr Aneinander-Vorbeireden, ihre Worthülsen und ihre Sprachlosigkeit. Wie sich Verständigung in den Stricken von Phrasen und Ritualen verfängt und zu Fall kommt, führt Loriot mit erbarmungsloser Klarheit und bestürzender Komik insbesondere in Szenen über eheliche Kommunikation vor, wie etwa dem berühmten Sketch »Das Ei«[18]. Er bewegt sich dabei unverkennbar auf Spuren, die Valentin mit Werken wie »Der Hasenbraten« von 1937 hinterlassen hat, einem Hörspiel, in dem sich ein Mann so lang bei seiner Frau über die Temperatur der Suppe beschwert, bis der Hasenbraten im Ofen verbrannt ist und er mit der Meldung beim Tierschutzverein droht.[19]

Gemeinsames Leitmotiv der Komik von Valentin und Loriot ist andererseits das Umkippen des Vernünftigen und Sinnvollen ins Unvernünftige und Unsinnige. Wenn Heinrich Lohse in »Pappa ante Portas« für die Familie einkauft und, verlockt durch einen minimalen Mengenrabatt, Dutzende Paletten Senfgläser erwirbt, dann zeigt sich in seinem Verhalten ein Ineinander von Rationalität und Konfusion, das viele Figuren von Loriot kennzeichnet und aus dem Gutgedachten in seinen Geschichten das Schlechtgemachte entstehen lässt. Die Charaktere machen so ein Handlungsmuster anschaulich, das schon von Valentin gern zur Komikerzeugung genutzt wird, in besonders pointierter Form in der Stummfilmgroteske »Der neue Schreibtisch«[20] aus dem Jahr 1913: Mit großem Eifer und den besten Absichten bearbeitet die Hauptfigur hier die Beine eines Tischs und eines Stuhls so lang, bis sie nicht mehr da sind.

Die wohlwollende Satire, der mitfühlende Humor, die slapstickhaften Katastrophen des Alltags oder die absurden Desaster der Verständigung – Loriots Werk führt in wesentlichen Zügen deutsche Komiktraditionen fort.

Dies gilt es freilich nicht misszuverstehen. Die Betrachtungen sollten nicht bestreiten, dass britische oder andere Traditionen bei Loriot ebenfalls oder sogar noch entscheidender nachwirken. Und sie wollten nicht infrage stellen, dass Loriots Werk vor allem das ist, was sich Frau Hoppenstedt von einem Jodeldiplom erhofft: »was Eigenes«[21].

1 Vgl. dazu Robert Gernhardt: »Begegnungen mit Loriot, persönlich [1983]«, in: Ders.: »Was gibt's denn da zu lachen? Kritik der Komiker, Kritik der Kritiker, Kritik der Komik«, Zürich 1988, S. 365–371, S. 368f. — **2** Loriot: »Bizarr – Grotesk – Monströs. Rede zur Ausstellung zeitgenössischer Karikaturisten der Kestner-Gesellschaft in Hannover 17.2.1978«, in: Ders.: »Möpse & Menschen. Eine Art Biographie«, Zürich 1983, S. 311–313, S. 311. — **3** Eine verbreitete Meinung fasst das rückblickende Urteil von Klaus Grünwaldt zusammen: »Durch Loriot ist der *feine englische Humor* nach Deutschland importiert worden«, vgl. ders.: »›Wenn Gott keinen Humor hätte, wollte ich nicht in den Himmel kommen‹ (Martin Luther). Über Glauben und Humor«, in: Christoph Barnbrock / Hans-Jörg Voigt (Hg.): »Lutherisch ist, wenn man trotzdem lacht«, Norderstedt 2018, S. 112–122, S. 114 (Hervorh. im Original). Angemerkt sei, dass das Zitat in Grünwaldts Aufsatztitel, zumindest im vorliegenden Wortlaut, nicht von Luther stammt. — **4** Vgl. insbesondere Hans-Dieter Gelfert: »Mit einem Lachen nach Westen«, in: »Die Welt«, 27.8.2011, und Cornelia Neumann: »Nonsense versus Tiefsinn? Ein interkultureller Vergleich der Fernsehsketche von Loriot und Monty Python. Über den deutschen und englischen Humor«, München/Ravensburg 2001. — **5** So etwa in einer Unterhaltung mit August Everding, in der Loriot ausführt, wie wichtig die deutsche Sprache für seine Komik ist, vgl. https://www.youtube.com/watch?v=6FHT87fWPTc, min. 13.45–17.15 (15.1.2021). Für den Hinweis auf das Gespräch danke ich Claudia Hillebrandt. — **6** Vgl. dazu http://www.wilhelm-busch-preis.de/index.php/preistraeger/94-preistraeger-2007 (15.1.2021). — **7** Wilhelm Busch: »Die Folgen der Kraft«, in: Ders.: »Werke. Historisch-kritische Gesamtausgabe. 5 Bde.«, hg. von Friedrich Bohne, Hamburg 1959, Bd. 2, S. 183–190. — **8** Vgl. Loriot: »Herren im Bad«, in: Ders.: »Loriots dramatische Werke. Verbesserte Neuausgabe«, Zürich 1983, S. 26–33. — **9** Busch: »Das Bad am Samstagabend«, in: Ders.: »Werke« a.a.O., Bd. 1, S. 542–549. — **10** Vgl. auch den Vergleich von Busch und Loriot aus soziologisch-psychoanalytischer Perspektive in Jens Wietschorke: »Psychogramme des Kleinbürgertums: Zur sozialen Satire bei Wilhelm Busch und Loriot«, in: »IASL« 38,1 (2013), S. 100–120. — **11** Zu Vischer und seinen Ideen von Komik und der »Tücke des Objekts« vgl. Matías Martínez: »Doppelte Welten. Struktur und Sinn zweideutigen Erzählens«, Göttingen 1996, S. 109–150. — **12** Busch: »Der vergebliche Versuch«, in: Ders.: »Werke«, a.a.O., Bd. 1, S. 446–452. — **13** Loriot: »Das schiefe Bild«, in: Ders.: »Loriots dramatische Werke«, a.a.O., S. 73–83. Vgl. zu dem Sketch auch Alexander Kling: »Aus dem Rahmen fallen. Dingtheorie, Narratologie und das Komische (Platon, Vischer, Loriot)«, in: Martina Wernli / Alexander Kling (Hg.): »Das Verhältnis von *res* und *verba*. Zu den Narrativen der Dinge«, Freiburg i.Br./Berlin/Wien 2018, S. 309–332. — **14** Vgl. zu diesem Grundzug von Buschs Werk bereits Wolfgang Kayser: »Wilhelm Buschs grotesker Humor«, Göttingen 1958. — **15** Vgl. Tom Kindt: »Humor«, in: Uwe Wirth (Hg.): »Komik. Grundbegriffe – Zugänge – Mediale Formen. Ein interdisziplinäres Handbuch«, Stuttgart 2017, S. 7–11. — **16** So Loriot im Gespräch mit Gero von Boehm in Gero von Boehm: »Nahaufnahmen. Fünfzig Gespräche mit dem Leben«, Berlin 2016, S. 157–167, hier S. 159. — **17** Vgl. https://www.loriot.de/index.php/loriot/interviews/58-interview-guenter-kaindlstorfer (15.1.2021). — **18** Vgl. Loriot: »Das Ei«, in: Ders.: »Loriots dramatische Werke«, a.a.O., S. 118–119. — **19** Vgl. https://www.youtube.com/watch?v=9tWXJGb2aXE

(15.1.2021). — **20** Vgl. https://www.youtube.com/watch?v=IN-sD4RZjtQ (15.1.2021). — **21** Loriot: »Die Jodelschule«, in: Ders.: »Loriots dramatische Werke«, a. a. O., S. 164–168, S. 167. Ich danke dem Diogenes Verlag (Zürich) für die Genehmigung, aus Loriots Werken zu zitieren.

Eckhard Pabst

»Das Bild hängt schief!«

Loriots TV-Sketche als Modernisierungskritik

1967 erschließt sich Loriot das Medium Fernsehen. Das Konzept jenes ersten TV-Formats mit dem Titel »Cartoon«, für das ihn der Süddeutsche Rundfunk Stuttgart (SDR) gewinnt und das inklusive Sondersendungen bis 1974 fortgeführt wird, sieht ursprünglich vor, dass Loriot kurze Trickfilme anderer Künstler anmoderiert; schon bald aber finden immer mehr eigene Beiträge Aufnahme in die Sendungen. Beim ab 1976 für Radio Bremen entstehenden Folgeprojekt »Loriot I« bis »Loriot VI«, dessen Betitelung je nach Lesart zwischen bescheidener Zurückhaltung und dem Anspruch auf Kanonik oszilliert, ist Loriot dann in künstlerischer Hinsicht gesamtverantwortlich, schreibt die Texte und Drehbücher, bestimmt die Besetzung, spielt dabei wichtige Rollen selbst und führt Regie. In diesen Jahren ist Loriot längst ein Star, aber auch schon zu Beginn seiner TV-Arbeiten ist er ein erfolgreicher und bekannter Karikaturist und Buchautor. Der Übergang von den Printmedien zum Fernsehen bedeutet formal also eine Erweiterung der Ausdrucksformen insbesondere in narratologischer Hinsicht, insofern die Werke nunmehr dominant dramaturgisch und narrativ, also ereignishaft, verfasst sind.[1] Inhaltlich aber steht dieser Medienwechsel im Zeichen der Fortschreibung und Weiterentwicklung eines Themen- und Motivkatalogs, der das Werk des Künstlers bereits bis dahin beherrscht hat. Hier liegt eine der Grundannahmen für die folgenden Ausführungen: dass das Gesamtwerk des Vicco von Bülow in thematisch-motivischer Hinsicht ein kohärentes Ganzes bildet, als dessen Leitlinie – so meine These – eine modernisierungskritische Haltung zutage tritt, die an den Effekten von Distinktionsverlust und sozialer Entdifferenzierung Anstoß nimmt; eine Haltung, die einer Epoche nachsinnt, in der Bildung, kulturelle Kompetenzen und niveauvolle Umgangsformen weiter verbreitet waren als in der mangelbesetzten Gegenwart, in der Loriots Werk entsteht und die in Bezug auf jenen vergangenen Gesellschaftszustand eine Schwundstufe darstellt.

Diese These zielt indessen nicht auf die Künstlerpersönlichkeit Vicco von Bülows; wie immer dessen individuelle Ansichten und Bewertungen über soziale Realitäten und Sachverhalte ausfallen mögen, steht hier nicht zur Debatte. Sie sind den Interpretierenden seiner künstlerischen Werke nach meinem Verständnis auch prinzipiell nicht zugänglich; was sich im künstlerischen Werk findet, sind zeichenhafte Konstruktionen, denen auch die

Kunstfigur Loriot zuzurechnen ist. Die zeichnet sich allerdings durch eine dezidierte Haltung zu kulturellen und sozialen Realitäten aus. Und sie ist, wie bereits in den einleitenden Bemerkungen zum TV-Schaffen angedeutet, durchaus integraler Bestandteil des Werkes insgesamt, indem sie sich schon durch die Titelgebungen – im literarischen Werk zum Beispiel »Loriots großer Ratgeber« (1968), »Loriots Großes Tagebuch« (1971), »Loriots kleine Prosa« (1971), »Loriots heile Welt« (1973) usw., im Fernsehen dann eben »Loriot I« bis »Loriot VI« – den einzelnen Werken einschreibt. Darüber hinaus und ganz wesentlich ist Loriot in den Werken auf der Ebene der Präsentation als Vermittlungsinstanz anwesend. Diese Instanz, die schon in den frühen Illustrationen und Karikaturen der 1950er Jahre in den Zeitschriften »Stern«, »Quick« und »Weltbild« rubrikstiftend unter dem Namen Loriot greifbar wird und in der satirischen Ratgeberliteratur als Sprechinstanz die kommentierenden Bildunterschriften setzt, wird im Fernsehen folgerichtig zum distinguierten Herrn auf dem zunächst roten, später dann lindgrünen Sofa, der die filmischen Beiträge anmoderiert und gerade hinsichtlich der richtigen Interpretation des Geschehens augenzwinkernde Leseanleitungen und Erklärungen liefert. Loriot ist damit einerseits das Subjekt auf der Ebene der Werkproduktion, andererseits auf der Ebene des Werkes eine Figur. Die Unterscheidung beider ist nicht immer einfach, zumal ihre Konvergenz offenkundig intendiert ist. Das wird etwa daran deutlich, dass zum Beispiel die Defizite an Bildung und kulturellen Kompetenzen, durch die sich die Figuren in Loriots Sketchen so oft auszeichnen und die zu erklären und als Ausprägung moderner, legitimer Lebensstandards zu etablieren der Moderator Loriot antritt, auch den Moderator selbst betreffen. So heißt es beispielsweise im Vorwort zu »Loriots dramatischen Werken«, der Textausgabe seiner TV-Sketche: »Dramatische Werke soll es seit etwa zweitausendfünfhundert Jahren geben. Das kann stimmen, es gab in Berlin schon Theateraufführungen, als ich noch ein Kind war. Man spielte damals Stücke von Shakespeare, Molière, Lessing, Goethe, Schiller, Kleist, Ibsen, Strindberg, Hauptmann und ähnliches. Heute sind die genannten Autoren unbekannt und ihre Werke in Vergessenheit geraten. Das Publikum ist anspruchsvoller geworden. Es erwartet Verarbeitung von Problemen aus dem eigenen Lebensbereich. (…) Das hat mich bewogen, fast ausschließlich für [das Fernsehen] zu arbeiten. (…) Ammerland, im Sommer 1981 / LORIOT«[2]

Die hier satirisch entworfene Situation ist mehrfach von Verlust beherrscht: Auf der einen Seite diagnostiziert die Kunstfigur Loriot eine Abkehr des Publikums vom klassischen Bildungskanon, in diesem Fall vom Theater, die mit einer Hinwendung zum Medium Fernsehen einhergeht. Diese Substitution kultureller Praxen erklärt sie damit, dass das Publikum anspruchsvoller geworden sei – darin ist unschwer die satirische Pointe zu erkennen, denn natürlich ist das Gegenteil gemeint: Die Umlenkung der Publikumsströme von der hochkulturellen Theaterliteratur zur (vermeintlich) seichten, popkulturellen Fernsehunterhaltung resultiert aus dem Schwund von Anspruch und kulturellen Kompetenzen. Von diesem Schwund ist der das Vorwort verfassende Loriot aber offenbar selbst betroffen, indem er diese sonderbar verschobene Analyse leistet, oder genauer: indem er seiner augenscheinlichen Inkompetenz zum Trotz eine solche Analyse unwidersprochen vorzunehmen vermag. Darin offenbart sich – abermals satirisch – eine Kette des Versagens größeren Umfangs. An deren Ende steht die Buchausgabe »Loriots dramatische Werke«, die unkritische Herausgeberinstanzen durchlaufen hat, an ihrem Beginn operiert ein inkompetenter Autor, der anstelle von traditioneller, kanonisierter und – im Sinne Bourdieus – *legitimer*[3] *Bildung* lediglich über individuelle, arbiträre und vor allem nicht strukturierte und diskursivierte *Erfahrungswerte* verfügt, diese aber selbstbewusst zum Maßstab seiner Analyse macht. Gleichwohl erklärt dieser *ungebildete, unkultivierte* Loriot die Notwendigkeit von Bildung und kultureller Versorgung: »Das Fernsehen bietet somit den geeignetsten Rahmen zur Begegnung mit zeitgenössischem Bildungsgut. (…) Im Hinblick auf die ständige Gefahr einer ernsten militärischen Auseinandersetzung sind meine dramatischen Werke ein durchaus tragbarer Bestandteil des kultivierten Fluchtgepäcks.«[4] Dieser Text ist unübersehbar von ironischen und satirischen Färbungen beherrscht. Hervorzuheben bleibt dabei aber Loriots vehementes Beharren auf Bildung und Kultur als Grundgrößen des gesellschaftlichen Lebens. Diese beachtliche Verschiebung beherrscht Loriots Szenarien: Was auch immer sich in den dargestellten Welten an Banalität, Missgeschick, Missverständnis, Entgleisung und Geschmacklosigkeit entfaltet – in seiner Rahmung wird es formvollendet zur hochkulturellen, mindestens aber zur normgerechten Prozedur umgewidmet. Diesem satirischen Verfahren war vor allem Loriots Ratgeberliteratur (auf die zurückzukommen sein wird) oder auch seine Kolumne »Der ganz offene Brief«[5] verpflichtet. Und dieses Verfahren organisiert auch einen Großteil der TV-Sketche.

Loriots TV-Sketche – Themen und Motive, Frames und Skripts

Ein Versuch, die thematischen Felder in Loriots TV-Produktionen zu ordnen, könnte zu einer Kartierung führen, wie sie in Abb. 1 vorgestellt ist. Die Werke protokollieren oftmals Komplikationen im ehelichen Alltag und in der Arbeitswelt; Loriot widmet sich Fragen des Umgangs mit Kunst und Kultur ebenso wie Fragen des adäquaten Verhaltens bei Tisch, in der Oper oder auf Empfängen; bei vielen dieser Themen gewinnt das Motiv der Institutionalisierung Bedeutung, indem Beratungs- oder Schulungsinstitute

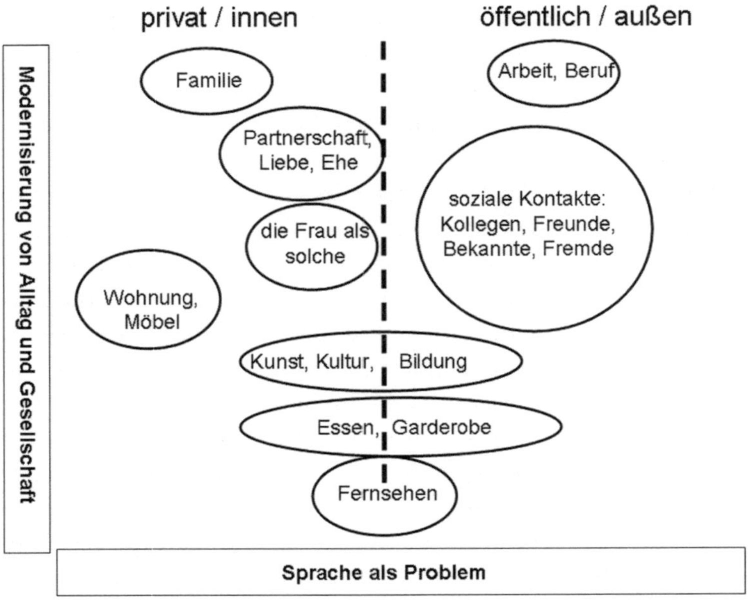

Abb. 1

Autorität beanspruchen und in die Problembewältigung eingreifen. Dieses thematische Feld wird strukturiert durch die Unterscheidungslinie, die zwischen den Sphären des Privaten und des öffentlichen Lebens verläuft – mit all den Konflikten und Komplikationen, die sich dann beispielsweise dort auftun, wo das private Leben dem öffentlichen Blick ausgesetzt wird (wie z. B. beim »Bettenkauf« oder, wenn Vertreter oder TV-Teams ins Haus kommen). Weiterhin unterliegt dieses Themenfeld dem Einfluss der Modernisierung der Gesellschaft, die alle diese Themenkomplexe betrifft und verändert. Wie im Folgenden an einigen Beispielen illustriert werden soll, bedeutet dies für die Figuren der vorgestellten Lebenswelten einerseits, dass Alltagsroutinen aufweichen und neu verhandelt werden müssen, dass sich andererseits aber neue Felder der Betätigung und neue Möglichkeiten der Persönlichkeitsentfaltung auftun. Und schließlich wird dieses Areal von einer Klammer aufgespannt, die sich als »Sprache und Kommunikation als Problem« bezeichnen ließe: Über diese Klammer organisieren die Sketche Missverständnisse, Kommunikationsprobleme und Probleme des angemessenen und korrekten Sprachstils und die Tücken fachsprachlicher Barrieren.

Gerade dieser Aspekt gewinnt für die Analyse der Loriot'schen Sketche an Kontur, wenn die Handlungen und Kommunikationen unter den Kategorien von Frame und Skript[6] betrachtet werden. Viele der komischen Effekte in Loriots Werk lassen sich unter Rückgriff auf diese Kategorien erfassen: sowohl als Kollisionen im Bereich der Frames als auch mit der Unsicherheit in der Auswahl des Skripts und dann auch im Unvermögen, ein einmal aktiviertes Skript zu wechseln oder zu modifizieren. Wenn aber auf diesem Feld ein Potenzial für die Loriot'sche Komik liegt, dann liegt der Schluss nahe, dass seine Komik um einen Kern von sozialen Normen, von kulturellen Kompetenzen und traditionellen Umgangsformen kreist. Denn einen Frame zu erkennen und dementsprechend das adäquate Skript zu aktivieren und zu beherrschen, erfordert kulturelle Kompetenzen – also den guten Ton, den richtigen Stil, den gebotenen Habitus. Hier geht es letztlich um soziale Normen und um Distinktion – beziehungsweise um den Kollaps derselben.

Ein erstes Beispiel, das diese Struktur gut illustrieren kann, ist der Sketch »Benimmschule«.[7] Das kurze Drama handelt über seine gesamte Laufzeit eben genau davon, dass ein Skript – und das meint hier im wörtlichen Sinne ein vorliegendes Drehbuch, das den Beteiligten die Sätze vorformuliert – penibel befolgt werden muss. Ort des Geschehens ist das von Dr. Dattelmann gegründete und geleitete »Institut für zeitgemäße Etikette«, das sich der Aufgabe widmet, »die heute leider schon sehr vernachlässigten, traditionellen gesellschaftlichen Formen neu zu erarbeiten, insbesondere das Gespräch und die Manieren bei Tisch« (FE 2, 0:06:38–0:06:46), wie es Dr. Dattelmann in der von Viktor Schmoller geleiteten TV-Gesprächsrunde erklärt. Damit ist auf der einen Seite der Verlust bestimmter kultureller Kompetenzen angesprochen, auf der anderen ein modernes Verfahren, das diesen Mangel kompensieren soll; der Bedarf an diesen Kompetenzen aber, an »Etikette« ist ungebrochen. Hier begegnet uns erneut die Konstellation, die im Zusammenhang mit dem Vorwort der »Dramatischen Werke« erörtert wurde und ihr insofern vergleichbar ist, als mit Dr. Dattelmann eine Instanz auftritt, deren Anliegen die gesellschaftliche Sicherung von Anstandsregeln ist, der es dann jedoch an der Kompetenz dafür zu fehlen scheint: Denn nicht nur trägt er als Verfasser des Lehrbuchs mit den einzuübenden Dialogen (= dem Skript) die Verantwortung für die haarsträubenden Themensprünge der unsinnigen Konversation bei Tisch; er hat als Prüfer auch keine Wahrnehmung für den Umstand, dass sein Schüler Herr Blühmel im Zuge der wiederholten Durchgänge zunehmend betrunkener wird und folglich gegen Ende der Sitzung keinerlei Etikette mehr erkennen lässt. In der ersten Hälfte des Sketches entwickelt sich folgender Dialog:

BLÜHMEL: (*riecht an Korken und Flasche, gießt ein, probiert und liest das Etikett*) Ein 64er Sch … (*sieht unsicher zu Dr. Dattelmann*) Sch …

DR. DATTELMANN: Château Lafite.

BLÜHMEL: Château Lafite. (*gießt den Damen ein, beginnt zu essen; erhebt sein Glas*) Ich trinke auf unseren verehrten Gast, die Hausfrau und das, was wir lieben. (*trinkt und ißt*).

FRAU KRAKOWSKI: Mein Bekannter und ich waren im letzten Sommer auf einem Campingplatz bei Saarbrücken. Dort war es sehr sauber.
BLÜHMEL: (*weiter essend*) Auf dem Campingplatz in Bozen liegen die Toiletten separat …
DR. DATTELMANN: Waschräume, Herr Blühmel, Waschräume …
BLÜHMEL: … die Waschräume … liegen die Waschräume separat … (FE 2, 0:09:15–0:09:50)[8]

Das Zertifikat, das Herr Blühmel hier nach mehrmaligem Durchspielen des gemeinsamen Abendessens verliehen bekommt, bescheinigt ihm die Qualifikation, ein dem gesellschaftlichen Anlass angemessenes Vokabular zu beherrschen und das Tischgespräch in den vorgesehenen Bahnen zu halten – das heißt konkret, unschickliche Begriffe durch neutralere zu ersetzen oder auch die Nachfragen nach dem pikanten, nicht-ehelichen Verhältnis zu unterlassen, das die Dame mit einem Bekannten unterhält und in der Ungezwungenheit eines Campingplatzes auslebt. Ziel des Gespräches ist die Einhaltung des Skripts, nicht aber ein sich an den Themen entfaltender Fortgang der Konversation. Man kann sich kaum vorstellen, wie aus dieser Art Fortbildung ein geistreicher und eloquenter Tischpartner hervorgehen soll. In der diesen Sketch rahmenden Talkrunde erklärt Dr. Dattelmann allerdings, Herr Blühmel habe »zehn Minuten nach den Aufnahmen, die wir eben gesehen haben, (…) die Prüfung bestanden und sein Diplom in der Tasche. Heute leitet Herr Blühmel die Abteilung ›Großes Diner‹ beim Chef des Protokolls im Auswärtigen Amt.« (FE 2, 0:15:55–0:16:05) Wenn Herr Blühmel damit also offensichtlich die Qualifikation erlangt hat, auf der Ebene höchster gesellschaftlicher und politischer Repräsentation zu agieren, mögen seine Leistungen hinsichtlich ihres Vorbildcharakters in die Gesellschaft zurückwirken: Sein Beispiel wird Schule machen. Bedenklich erscheint dann allerdings der Umstand, dass Herr Blühmel durch das Absolvieren des Kurses mit der Freiheit der Rede und der Entfaltung eigener Gedanken abgeschlossen hat. Das Institut erhält damit eine nicht unerhebliche Wirkmächtigkeit im demokratisch-politischen Betrieb der Bundesrepublik.

In Loriots Werk lassen sich viele weitere Beispiele für TV-Sketche finden, in denen die Figuren Schwierigkeiten in der Handhabung von Frame und Skript erkennen lassen: Man denke an das abstruse Interview im Sketch »Der Astronaut«,[9] bei dem TV-Moderator Schmoller bestens darauf vorbereitet ist, den US-amerikanischen Raumpiloten Major Gary Wickliff zu interviewen, dann aber mit der Situation konfrontiert ist, dass – aufgrund einer nicht weiter erörterten Verwechslung – anstelle des Astronauten der Verwaltungsinspektor Herr Wieland vor ihm im TV-Studio sitzt. Aber auch, nachdem Schmoller die Situation erfasst hat, ist er nicht in der Lage (und die Regie im Übrigen auch nicht), das Skript zu wechseln beziehungsweise – was doch naheliegender wäre – die Sendung abzubrechen; vielmehr wird das Skript bis zum Ende abgearbeitet, und Herr Wieland wird beispielsweise mit Fragen nach der höchsten Beschleunigung, der er ausgesetzt war, oder nach der Entfernung von der Erdoberfläche, in der er arbeitet, konfrontiert.[10]

Etwas anders stellt sich die Situation im Sketch »Skat«[11] dar. Hier wird rasch deutlich, dass die Herren am Spieltisch, Herr Striebel und Herr Vogel, einen anderen Frame aktiviert haben, als der von ihnen hinzugebetene Herr Mosbach. Jene suchen einen dritten Mann für eine nach allen Regeln der Kunst betriebene Skat-Partie, dieser meint, es gehe um eine heitere Spielerunde. Schon dass Herr Mosbach die Frage »Spielen Sie Skat« (FE 4, 0:32:15) als Sachfrage versteht, also als Frage danach, ob er *in diesem Moment* gerade Skat spiele, sollte Herrn Striebel zu denken geben. Und umgekehrt müsste Herrn Mosbach die Frage, ob er Turnierspieler sei (FE 4, 0:32:39), signalisieren, dass an diesem Tisch versierte Skatspieler sitzen, zu denen er selbst ja ganz offensichtlich nicht gehört. Beide Parteien aber – Herr Striebel und Herr Vogel auf der einen Seite und Herr Mosbach auf der anderen – verkennen die Signale der Inkompatibilität ihrer Frames. Eine Skatpartie, die allen Beteiligten dasselbe Vergnügen bereitet, wird damit unwahrscheinlich.

Eines der berühmtesten Werke Loriots schließlich, der als Trickfilm realisierte Sketch »Herren im Bad«,[12] bezieht seinen Reiz daraus, dass es für die verhandelte Situation keinen adäquaten Frame gibt, sodass die Herren auch keine regelgerechten Skripts aktivieren können. Das Gespräch gleicht dann einem endlosen Kompetenzgerangel, das zum Teil die rechtlichen Grundlagen der Situation erörtert (»Können Sie mir sagen, warum Sie in meiner Badewanne sitzen?«; FE 4, 0:14:45–0:14:48),[13] um dann wieder in virile Wettbewerbe (»Aber ich kann länger als Sie«, FE 4, 0:34:56–0:34:58)[14] oder stures Beharren umzuschlagen (»Wenn *Sie* die Ente her*ein*lassen, lass *ich* das Wasser her*aus*!«, Hervorhebungen im Original; FE 4, 0:24:22–0:24:25).[15]

Das schiefe Bild, oder: Mobiliar und Lebensstil

Der TV-Sketch »Zimmerverwüstung«[16] nimmt in Loriots Werk insofern eine Sonderstellung ein, als das Drama im Vergleich zu der Mehrzahl der Sketche kaum Dialog enthält und dafür Schwerpunkte auf der Ebene der physischen, slapstickartigen Komplikationen hat. Die Handlung ist überschaubar: Ein Finanzbeamter im Außendienst besucht seine Klienten in ihrem privaten Anwesen. Von einer Bediensteten wird er gebeten, für wenige Augenblicke im Wohnzimmer auf »die Herrschaften« zu warten; und in dieser kurzen Zeitspanne ruiniert er das Wohnzimmer vollständig: Den

Ausgangspunkt bildet sein Versuch, ein kleines, schief hängendes Bild auszurichten, aber durch seinen Übereifer entfaltet sich eine Kette von Missgeschicken, an deren Ende die Einrichtung demoliert ist.

Die Korrektheit des Beamten schlägt um in eine gewisse Anmaßung, die kleine Unordentlichkeit kurzerhand selbst in Ordnung zu bringen. Auch hier wirkt die Logik des Frames, diesmal invers, denn er verlässt seinen Frame *Finanzbeamter im Außendienst*. Er verstößt gegen die Regeln und überschreitet Grenzen, denn selbstredend verbietet sich in dieser Art von sozialer Begegnung jegliche negative Würdigung des Ambientes. Und schon gar nicht darf der Beamte irgendetwas berühren oder korrigieren.

Wie wenn die Objekte selbst seinen Fehltritt sanktionieren wollten, bewirkt bereits die erste Korrektur des Beamten eine größere Unordnung: Aus einem schiefen Bild werden zwei verrutschte und ein heruntergefallenes; bei der Suche nach dem heruntergefallenen stürzt der rechte Beistelltisch mit Tütenlampe und diversen Fotorahmen um, kurz darauf auch der linke, ebenso reich bespielte Beistelltisch. Und so geht es weiter: Die Anzahl der umgestürzten und auf die Schnelle nicht wieder arrangierbaren Dekorationsgegenstände steigt exponentiell. Damit wird das Projekt, alles wieder in Ordnung zu bringen, bevor die Herrschaften erscheinen, immer unwahrscheinlicher; immer wahrscheinlicher hingegen wird das Szenario, erwischt und als distanzloser Tölpel enttarnt zu werden. Wenn der Beamte dann schließlich passgenau zum finalen Orchesterakkord der musikalischen Begleitung erklärt »das Bild hängt schief«, bleibt die Reaktion seiner Gastgeber ausgespart.

Hinsichtlich seiner reduzierten Dialoge mag der Sketch ein Sonderfall im Loriot'schen Werk sein, hinsichtlich der Motivik ist er es durchaus nicht, denn die Beschäftigung mit Mobiliar, also mit dem Arsenal und Arrangement persönlicher Einrichtungsgegenstände, ist tief in Loriots Dramen verwurzelt. Schon durch den Umstand, dass Loriot seine TV-Sketche auf einem Biedermeiersofa anmoderiert, sind seine TV-Sendungen bereits durch eine ausgefallene Möblierung gerahmt, die Kollision des modernen Mediums Fernsehen mit vormodernem Interieur ist schon an diesen Stellen leises Hintergrundthema. Daneben gelangt das Motiv der Möblierung in den TV-Sketchen überall dort akzentuierter ins Blickfeld, wo der Figurenalltag sich durch eine Ausnahmesituation derartig erweitert, dass die Möbel die Aktivitäten nicht mehr reibungsfrei in sich aufnehmen können – die Anrichte steht den Klavierträgern im Weg, der Beistelltisch des Lottogewinners Lindemann weicht unsanft einem Halb-KW-Scheinwerfer, die Sitzgruppe im Büro ist dem Liebesspiel von Direktor Melzer und Sekretärin Dinkel hinderlich.[17] Komplikationen wie diese und die sich erweiternden Bedürfnisse der Menschen stehen oftmals im Zusammenhang mit einer zunehmenden Modernisierung des Alltags – zum Beispiel weil ein Fernsehteam ins Wohnzimmer kommt oder weil für die Großmutter in Massachusetts ein Heimvideo gedreht werden soll.

Im Kontext der »Zimmerverwüstung« lohnt ein Seitenblick auf eine Karikatur aus dem Jahr 1960 aus einem der durch viele Auflagen bis in die Gegenwart weit verbreiteten Ratgeber Loriots, in der das Motiv einer an Stilen kontrastreichen Möblierung bereits angelegt ist. »Kenner erzielen oft erstaunliche Wirkungen durch die geschmackvolle Kombination von antikem und neuzeitlichem Mobiliar« heißt es in der Bildunterschrift (Abb. 2).[18] Ähnlich wie in der »Zimmerverwüstung« weist dieses Möblierungskonzept einen gewissen ästhetischen und nutzungsbezogenen Spannungsreichtum auf. Die Anordnung von Rokoko-Tisch und der aus niedrigen Polsterkissen zusammengestellten Couch führt zu Komplikationen in der Durchführung eines Abends mit Gästen im eigenen Wohnzimmer, insofern Gastgeber und Gäste sich über den hohen Tisch hinweg kaum in die Augen sehen können, ihre Getränke in schwer zu erreichenden Positionen abstellen müssen und auf den niedrigen Sitzgelegenheiten zu uneleganten, wenn nicht unschicklichen Sitzhaltungen genötigt sind. Diesen nutzungsbezogenen Einwänden steht offenbar der Einrichtungsgeschmack der Wohnungsbesitzer entgegen. Die Kombination von Rokoko und Fünfzigerjahre-Sitzlandschaft wird hier einer Kennerschaft zugeschrieben, deren Autorität in Fragen der ästhetischen Legitimität die Fragen nach der Zweckmäßigkeit überstimmt. Das ist die Autorität der Avantgarde, die über kleinbürgerliche Standards der Praktikabilität erhaben ist. Insgesamt betrachtet aber ist die Einrichtung kaum avantgardistisch, denn ausweislich des Kunstwerkes an der Wand, das ein gegenständliches, klassisch gerahmtes Landschaftsstück zeigt, ist der Kunstsinn dieses Haushaltes nicht durchgängig avantgardistisch ausgerichtet. Weiterhin fällt auf, dass der Ort des Geschehens wohl eher ein kleines

Abb. 2

Wohnzimmer ist, das man sich als Teil eines konventionellen Wohnungszuschnittes vorstellen muss, nicht aber als experimentelle, neue Raumkonzepte bedienende Architektur. Zwar ist nur ein kleiner Teil des Raumes abgebildet, aber schon die Nähe der gesamten Sitzgruppe zur Zimmerecke und die sich links gerade noch andeutende Zimmertür mit klassischer Zarge und kassettiertem Türblatt lassen insgesamt an eine kleine, enge Etagenwohnung denken und eben nicht an eine weitläufige, fließende Raumfolgen entwickelnde Villa.

Auch der Schauplatz der »Zimmerverwüstung« ist von seiner architektonischen Substanz her ein nicht allzu großer Raum, schon gar kein Salon. Mit den bodentiefen Fenstertüren, die den Blick auf ein parkähnliches Grundstück öffnen, wird die Vorstellung eines größeren, freistehenden Objekts aufgerufen; allerdings finden sich weder Hinweise auf eine moderne, offene Raumfolge, noch orientiert sich die Raumstruktur an einer klassischen herrschaftlichen Ordnung wie Vorzimmer – Salon – Herrenzimmer oder einer Enfilade. Dieses Zimmer ist an den Rest des häuslichen Raumprogramms nur durch eine einfache Zimmertür angebunden und nur an einer Wand durchfenstert. Das Gebäude, so viel ist sicher, ist mithin kein historisches Objekt, sondern ein Neubau. Die Möblierung und Dekoration sind bemerkenswert. Denn der vorzufindende Stilmix ist kaum weniger kurios als derjenige aus der Karikatur: Ein Papiermond hängt über dem Rokoko-Stuhl, der Flokati kontrastiert mit dem geknüpften Teppich, biedermeierliche Scherenschnitte hängen neben Mondrian-inspirierten Kunstdrucken, und auf der modernen Couch liegen die Dekokissen mit Kniff. Insbesondere fallen aber die architektonischen Dekorationselemente auf, die den klassischen Kanon aufrufen: Die Tür ist überfangen von einem gesprengten Giebel – ein Motiv, das leicht abgewandelt an den Regalschränken wiederkehrt und mithin auf einen übergreifenden Stilwillen hindeutet. In den Ecken stehen überschlanke Säulen, die, weil sie kein Gebälk tragen und wie Zylinder einen gleichmäßigen Durchmesser zeigen, an Abflussrohre erinnern. Die Einrichter wollen mit der Wahl ihrer Dekorationsobjekte ganz offensichtlich kulturelle Kompetenzen und Kennerschaft eines traditionellen Kanons demonstrieren. Genau das aber gelingt ihnen nicht: Die Kombination von alt und neu ist dysfunktional (der Stuhl wird durch den über ihm hängenden Papiermond unbenutzbar), und die Anwendung historischer Zitate verkommt zur inkompetenten Behauptung. Die Hausherren kennen eben nicht die klassischen Säulenordnungen, sie vertrauen darauf, *dass* Säulen als Statussymbole funktionieren. Sie wissen, dass in einen gebildeten Haushalt schöne alte Bücher gehören, aber der Größe der Staubwolke nach zu urteilen, die beim Zusammenbruch des Regals aufsteigt, sind diese Bücher sehr lange unangetastet geblieben. Sie wissen, dass niveauvolles Publikum klassische Musik hört, aber die für solche Gelegenheiten vorbereitete und von der Bediensteten eingeschaltete Einlassmusik ist nicht Ravels »Bolero«, sondern die davon inspirierte Pop-Komposition »Piccolo Bolero« von Annunzio Mantovani. Und schließlich ist die apfelsinengefüllte Obstschale eine protzende Zurschaustellung des Überflusses.

Wann immer nun in komischen Filmen Objekte zu fragilen Pyramiden gestapelt sind, ahnt man, dass dieser Stapel niedergerissen werden muss. So ist die Orangenpyramide unter allen hier befindlichen Objekten dasjenige Element der Rauminstallation, dem seine innere Labilität am deutlichsten anzusehen ist. Im Grunde ist die gesamte Einrichtung ein störanfälliges Arrangement, in dem wie bei einem kinetischen Kunstwerk die kleinste Irritation größtmögliche Wirkung entfaltet. Diesem Raum fehlt das innere Gleichgewicht. Das wird im Prinzip bereits an der unscheinbaren Schieflage des Bildes deutlich, mit dem das Chaos beginnt und die am Ende immer noch zeichenhaft als die ursächliche Initialstörung benannt wird: »Das Bild hängt schief!« Dieser Raum ist so hochgerüstet, dass geradezu ein inneres Drängen in ihm angelegt ist, die Spannungen aufzulösen.

Dass der Raum insgesamt eine fragile Installation darstellt, die man nur mit einiger Übung nutzen kann, zeigt sich zum einen gleich eingangs in jenem Moment, in dem der Beamte auf einem Teppich leicht ins Glitschen kommt. Das Zusammentreffen des Beamten mit diesem Haushalt ist denkbar unglücklich: Der Beamte begibt sich hier buchstäblich auf ein Parkett, das zu betreten er nicht die notwendige Kompetenz hat. Durch Fleiß ist er in ein Amt gekommen, das ihn nun vor Aufgaben stellt, denen er qua Herkunft, Ausbildung und sozialem und kulturellem Gespür nicht gewachsen ist; und durch Laufbahnschritte kann er die nötigen Kompetenzen nicht erwerben. Zum anderen wird deutlich, dass dieser Raum in der gewünschten Weise nicht nutzbar ist, denn man kann hier eben nicht Gäste empfangen und administrative Verfahren regeln. Eigentlich kann man diesen Raum nur richtig nutzen, wenn man ihn nicht nutzt.

In der Zusammenschau all dieser Beobachtungen ergibt sich, dass der Sketch in einem neureich-bürgerlichen Ambiente spielt, dessen Bewohner bemüht sind, ihre kulturellen Kompetenzen zum Ausdruck zu bringen. Indem sie aber Stile kombinieren, die legitimer Weise nicht zu kombinieren sind, indem sie prahlerisch Reichtum und Fülle ausstellen, indem sie klassische Zitate kenntnislos anwenden, schaffen sie ein Ambiente, das unter der Last der eigenen Spannungen zu zerspringen droht. Sobald man irgendwo anstößt, bricht alles in sich zusammen. Der *labile* Ordnungszustand drängt in seine *stabile* Lage. Die ist im Chaos erreicht. Das Chaos ist derjenige Ordnungszustand, dem dieser Raum zustrebt. Das Chaos ist das unter all den fragilen Installationen verborgene, aber nur allzu leicht heraufdrängende Gesicht des bürgerlichen Haushaltes. Es kann also gar nicht gelingen, die Ordnung wieder herzustellen. Denn dieser bürgerliche Haushalt kommt im Chaos zu sich selbst, hier findet er sein eigentliches Sein. Indem nun Loriot die Reaktion der Hausbesitzer ausspart, bleibt als eine – zugegeben furchtbare – Auflösung denkmöglich, dass den Herrschaften der Unterschied zum Ausgangszustand des Raumes nicht auffiele. Denn die Ordnung war ja nur aufgesetzte Pose, war nur eine behauptete Verkleidung. Sie war eine ungebührliche Anmaßung derjenigen, die durch ihre gedankenlose Zusammenstellung hoch- und popkultureller Inventare deren gegenseitige Entwertung betrieben haben; eine Entwertung, von der ihre Besitzer keine Kenntnis haben, weil sie von den symbolischen Werten der Objekte, die sie da angehäuft haben, ohnehin nichts verstehen. Und so würden sie auch jetzt keine substanzielle Veränderung wahrnehmen. Denn all die Objekte haben im Fußbodenchaos nur ihre Lage verändert, nicht aber ihre Bedeutung, da sie keine Bedeutung hatten. In gewisser Weise handelt dieser Sketch vom Untergang der Kultur – aber nicht in dem Sinne, dass hier ein schönes Interieur zu Bruch gegangen ist; nein: die Kultur hatte schon in jenem Moment begonnen unterzugehen, als es salonfähig wurde, Stilmöbel und Papiermonde zu kombinieren. Und eben hier liegt der satirische Kern dieses Sketches: Auf der Oberflächenebene handelt der Sketch von der Zerstörung der Ordnung. Aber in den Tiefenschichten porträtiert er ein elitär-bildungsbürgerliches Milieu, das seines Fundamentes an Bildung und Kultiviertheit verlustig gegangen ist. Ausweislich der Kontraste im Einrichtungsstil geben sich diese Verluste als Effekte der Modernisierung zu erkennen. Die bildungsbürgerliche Elite hat ihr Repertoire an tradierten Stilen und kulturellen Standards nicht gegen das Eindringen moderner Elemente und Praxen abschirmen können. Dabei ist der Raumausstattung in der »Zimmerverwüstung« nicht eindeutig anzusehen, ob ihre Besitzer sich ihren ursprünglichen bildungsbürgerlichen Wurzeln entfernt haben (dann wären die antiken Möbel und Bücher Erbstücke, die durch moderne Elemente ergänzt wurden) oder ob sie einem ursprünglich kunst- und bildungsfernen Milieu entstammen, nun aber über die ökonomischen Mittel verfügen, sich ein »geschmackvolles« Ambiente zu schaffen. In beiden Fällen indizieren die Akzente der Modernisierung den kulturellen Verfall.

Wie bereits erwähnt ist die »Zimmerverwüstung« mit ihrer Konzentration auf das physische Chaos eine Besonderheit in Loriots Gesamtwerk; gleichwohl ist das Chaos kein Einzelfall, wie ein Blick auf den Sketch »Flugessen«[19] zeigen kann. Auf einem Linienflug beginnen zwei Sitznachbarn ein Gespräch über Lyrik, während sie versuchen, eine Mahlzeit zu sich zu nehmen. Letzteres ist in der drangvollen Enge der Flugzeugkabine kaum möglich. Die Figuren aber stören sich nicht daran. Der gehobene Diskurs über Rilke-Lyrik (man muss würdigen, dass die Herrschaften die Texte auswendig zitieren, dass sie sie also als inkorporiertes Bildungsgut mit sich herumtragen) kann sich entfalten, obschon die Beteiligten sich mit Bier und Tomatensaft besudeln. Der Herr und die Dame halten die Sauerei, die sie hier veranstalten und die sie noch nicht einmal als solche werten, für durchaus vereinbar mit ihrer feingeistigen Beschäftigung mit Rilke. Wenn sie aber diesen Kontrast nicht spüren, dann werden sie einer oder gleich beiden Attraktionen gegenüber unempfindlich sein: der kulinarischen und der lyrischen. Diese Figuren, so ist zu folgern, umgeben sich durchaus mit einigem Aufwand mit Insignien der Hochkultur, verfügen aber über keinerlei tiefere Beziehung zu diesen Kulturgütern. Vielmehr verharren sie, vom Geklecker nicht irritiert, im Frame einer literarischen Debatte, die damit als bloße Attitüde entlarvt wird. Wie in der »Zimmerverwüstung« ist auch hier nicht eindeutig zu entscheiden, ob die Figuren ehemals elitären Schichten entstammen, deren hohe Anforderungen an Niveau und Etikette aufgeweicht sind, oder ob sie ein ihnen ursprüngliches fremdes soziales Milieu anstreben, dessen Regeln sie nur ansatzweise beherrschen. Die Vermischung hoch- und trivialkultureller Praxen produziert auch hier ein niveauloses Chaos.

Loriots nie endender Anstandsunterricht

In seiner Anmoderation des »Flugessens« wendet Loriot die degoutante Eskalation ins Positive: »Früher war der Adler der König der Lüfte, heute ist es der Mensch. Er überwindet Zeit und Raum, wobei es ihm als einzigem Lebewesen dieser Erde gelingt, während des Fluges eine warme Mahlzeit einzunehmen.« (FE 4, 0:07:26–0:07:43) Wie in den einleitenden Abschnitten angedeutet, besteht hierin ein Grundprinzip der Loriot'schen Präsentationsformen und auch der in den jeweiligen Werken präsentierten Weltzustände: Wie peinlich das Missgeschick, wie würdelos die Entgleisung, wie haarsträubend das Fehlverhalten der Figuren auch sein mag – weder führt das Fehlverhalten innerhalb der vorgestellten Handlungszusammenhänge zu nennenswerten Sanktionen, noch verurteilt es die moderierende Instanz. Im Gegenteil: Das Fehlverhalten wird zu Norm erklärt.

Es ist dieses Prinzip, das vor allem von Loriots Ratgeberliteratur bedient wurde und das seit den 1950er Jahren in diversen Bänden ausgebreitet wurde. Um nur einige zu nennen: »Unentbehrlicher Ratgeber für das Benehmen in feiner Gesellschaft« (1955), »Der gute Ton. Das Handbuch der feinen Lebensart« (1957), »Der Weg zum Erfolg. Ein erschöpfender Ratgeber in Wort und Bild« (1958), oder »Der gute Geschmack. Erlesene Rezepte für Küche und Karriere« (1964). Diese Ratgeber von Loriot flankieren eine Welle von ernst gemeinter Ratgeberliteratur, die in den 1950er Jahren im Mode kommt und allgemeinverbindliche Standards in Verhaltensweisen und Umgangsformen setzt. Der Umfang dieser Literatur verweist gleichsam auf eine gewisse Verunsicherung weiter Bevölkerungskreise in Fragen des ›richtigen‹ Verhaltens, was auch mit der geistigen, politischen und weltanschaulichen Neuorientierung nach dem Ende des Faschismus zusammenhängen mag.[20]

Loriots Ratgeber beziehen sich oftmals auf das Feld sozialer Distinktion: Es geht um Verhaltens- und Benimmregeln, über die sich Aussagen über den sozialen Status verhandeln lassen. Gute Umgangsformen sind notwendig, um erfolgreich zu sein, gesellschaftliches Tun kann und soll soziale Gewinne abwerfen. Man unterscheidet sich von all jenen, die diese Regeln nicht beherrschen, und steigt in Kreise auf, die diese Regeln bereits verinnerlicht haben oder sie von jeher beherrschten. Loriots Ratgeber sind allerdings unverkennbar satirisch. Die Empfehlungen, die hier gegeben werden, sind oft genug das genaue Gegenteil vom jeweils gebotenen Verhalten und würden demnach gerade nicht den erhofften Distinktionsgewinn versprechen. In einer alternativen Lesart jedoch bilden die komischen Zeichnungen nicht grotesk verzerrte, fiktive und übertriebene Wirklichkeitsausschnitte ab, sondern einen beklagenswerten Ist-Zustand der Niveaulosigkeit. Loriot zeichnet das Bild einer Gesellschaft, die neuerlich zu Wohlstand gekommen ist, die Früchte dieses Wohlstandes hemmungslos genießt und sich vom Ideal kultivierter Gepflegtheit weit entfernt hat. Man verfügt mittlerweile wieder über die ökonomischen Mittel, um sich die sozialen Statussymbole zu verschaffen, aber die Formen angemessenen Umgangs mit diesen Gütern oder schlechthin Geschmack sind auf der Strecke geblieben; man erwirbt, weil man erwerben kann, nicht, weil man Sinn für die Dinge hat.

Loriots Gesamtwerk reibt sich an diesem Niedergang – die allgegenwärtige Überforderung seiner Mitmenschen mit der Einhaltung gesellschaftlicher Konventionen liefert ihm Stoff und Anlass für sein künstlerisches Tun. In einer denkwürdigen Ansprache an das Publikum, das sich am 6. Oktober 1979 in der Berliner Philharmonie zum Kanzlerfest eingefunden hatte, erklärte er ein paar Grundsätze zum »Benehmen im Konzertsaal«: »Meine Damen und Herren, wir befinden uns hier in einem *Konzertsaal.* Ein Wort zum Verhalten in der ungewohnten Umgebung: Es ist hier nicht gestattet, Ball zu spielen, zu betteln und zu hausieren, Müll abzuladen oder Fahrräder anzulehnen.« (FE 5, 0:11:00–0:11:20) Das geladene Publikum lacht. Die Ehrengäste aus Politik, Wirtschaft und Kultur lachen. Jeder einzelne glaubt von sich, nicht gemeint zu sein. Wenn sie sich da mal nicht irren.

1 Narrative Formen hat Loriot auch als Zeichner und Texter seiner Comic-Strips erarbeitet (z. B. in der Geschichtenfolge »Reinhold das Nashorn«, die ab 1953 im »Sternchen« erschienen), allerdings bilden Arbeiten, die aus einem einzelnen Bild mit Textunterschrift bestehen, den weitaus größeren Werkanteil. — **2** Loriot: »Loriots dramatische Werke«, Zürich 1983,

S. 7. — **3** Legitimität von Bildung meint hier durch staatliche Institutionen wie Schule und Hochschulen kanonisiertes, vermitteltes und (durch Bildungsprädikate) bescheinigtes Wissen über Literatur, Philosophie, Kunst usw. Vgl. dazu Pierre Bourdieu: »Die feinen Unterschiede. Kritik der gesellschaftlichen Urteilskraft«, Frankfurt/M. 1987. — **4** »Loriots dramatische Werke«, a. a. O., S. 7. — **5** Die Kolumne erschien zwischen 1957 und 1961 in der Zeitschrift »Quick«; Loriots Texte dieser Kolumne sind 2014 neu ediert worden: Loriot: »Der ganz offene Brief. 115 ungewöhnliche Mitteilungen«, hg. von Susanne von Bülow, Peter Geyer und OA Krimmel, Hamburg 2014. — **6** Mit den Kategorien *Frame* und *Skript* werden die Verknüpfungen von Weltwissen und Handlungswissen untersucht, mit denen die Kommunizierenden die Situationen, in die sie eingebunden sind, verstehen und handelnd und sprachlich-kommunikativ bewältigen. Das Gelingen einer Kommunikation ist von den sozialen und kommunikativen Kompetenzen der Beteiligten abhängig; genauer gesagt davon, wie eine Person die aktuelle Situation, in der sie sich befindet, auffasst und deutet, also interpretiert. Diese Deutung – der Frame – ist ein Set von Vorannahmen, die die Person aus ihrem Weltwissen, aus ihrer Erfahrung und ihren Routinen usw. erkennt, wiedererkennt und konstruiert. Und von dieser Situationsdeutung – die nicht notwendigerweise bewusst und reflektiert erfolgen muss, sondern durchaus auch unbewusst vorgenommen werden kann – ist wiederum abhängig, welches Skript die Person aktiviert, um die Situation in ihrer potenziellen Unvorhersehbarkeit zu bewältigen: also an welchem Muster sie sich orientiert, das Handlungsoptionen und sprachliche Formeln umfasst. Siehe dazu einführend Dietrich Busse: »Frame-Semantik. Ein Kompendium«, Berlin, Boston 2012. — **7** Erstmals ausgestrahlt in einer Cartoon-Sondersendung mit dem Titel »Loriots Telecabinet« am 13.11.1974, dort eingebettet in eine Talkrunde, die von Viktor Schmoller geleitet wird und der neben Dr. Dattelmann u. a. auch Queen Elizabeth II. von England beiwohnt. In der Textfassung in »Loriots dramatischen Werken« lautet der Titel des Sketches »Anstandsunterricht« und spielt im »Institut zum Erlernen kultivierter Umgangsformen«. Siehe »Loriots dramatische Werke«, a. a. O., S. 154 ff. Timecode-Angaben zu den zitierten Filmsequenzen beziehen sich auf die 2007 bei Warner Bros. erschienene DVD-Ausgabe »Loriot. Die vollständige Fernseh-Edition«, im Folgenden zitiert als »FE« unter Angabe der Nummer der DVD. — **8** Vgl. auch »Loriots dramatische Werke«, a. a. O., S. 156 f. — **9** Erstausstrahlung in der Sendung »Cartoon 18«, 2.1.1972. — **10** Einen der Struktur nach identischen Verlauf nimmt das Interview in dem Sketch »Das Filmmonster« (Erstausstrahlung in der Sendung »Loriot III«, 16.5.1977): Obwohl nach den ersten Fragen deutlich wird, dass der Horrorfilm-Darsteller Victor Dornberger keine Maske trägt, sondern tatsächlich durch seine übergroße Nase und sehr lückenhaft stehende, nach vorn geneigte (protrudierte) Frontzähne entstellt ist, kann die Reporterin ihr Skript nicht verlassen, sondern stellt dem Darsteller kompromittierende Fragen nach seinem Liebesleben. Im Sketch »Heim-TV. Mutters Klavier« (Erstausstrahlung in »Loriot V«, 15.6.1978) beharrt der Vater streng auf der Einhaltung des Drehbuchs, das er für die Ankunft des Klavieres verfasst hat: »Muttilein, bitte, du musst dich genau an deinen Text halten!«. — **11** Erstausstrahlung in der Sendung »Loriot IV«, 7.11.1977. — **12** Erstausstrahlung in der Sendung »Loriot V«, 15.6.1978. — **13** Vgl. auch »Loriots dramatische Werke«, a. a. O., S. 26. — **14** Vgl. auch ebd., S. 32. — **15** Ebd., S. 30. Vgl. zu diesem Sketch auch die erhellende Analyse von Dirk Koob: »Loriot als Symbolischer Interaktionist. Oder: Warum man selbst in der Badewanne gelegentlich soziale Ordnung aushandeln muss«, Forum Qualitative Sozialforschung FQS 8(1), Art. 27 (2007), http://www.qualitative-research.net/fqs/ (15.1.2021). — **16** Erstausstrahlung in »Loriot II (Loriots Teleskizzen)«, 18.10.1976. — **17** So zu beobachten in den Sketchen »Heim-TV. Mutters Klavier« (Erstausstrahlung in »Loriot V«, 15.6.1978), »Der Lottogewinner« (Erstausstrahlung in »Loriot I«, 8.3.1976) und »Liebe im Büro« (Erstausstrahlung in »Loriot III«, 16.5.1977). — **18** In: Loriot: »Für den Fall … Der neuzeitliche Helfer in schwierigen Lebenslagen«, Zürich 1960, S. 11. — **19** Erstausstrahlung in der Sendung »Loriot V«, 15.6.1978. — **20** Vgl. dazu einführend Jörg Bohn: »Ratgeber-Bücher der 50er Jahre« (2005), http://www.wirtschaftswundermuseum.de/ratgeber-50er-jahre-1.html (15.1.2021).

Gertrud Vowinckel-Textor

Witz mit *Über*-Biss

Loriots künstlerisches Spiel mit Realität und Widerspruch im Kontext humoristischer Zeichnungen des 20. Jahrhunderts

Das Knollennasenmännchen, wie wir es heute kennen, bewegt sich im Werk seines Schöpfers Loriot mal unbeholfen und fragil, mal routiniert und beinahe gelangweilt in allen (un-)denkbaren Situationen des Alltags. Diese menschlichen Figuren wirkten schon im ersten Eindruck hilflos, lächerlich und komisch mit ihrem leicht untersetzten, gedrungenen und rundlichen Körperbau ohne Schultern und dem ohne Halsansatz darauf ruhenden großen Kopf, der gurkenförmig überlängten Nase und einem meist verblüfften oder stoischen Gesichtsausdruck. Tatsächlich waren Loriots Charaktertypen eine Zeit lang zur Sprachlosigkeit verdammt; denn es fehlte ihnen ein zumindest angedeuteter Mund. Und genau dieser zentrale Moment menschlicher Mimik gab Loriot den Anreiz, eine in jeder Hinsicht unverwechselbare Mundpartie in der Profilansicht seiner Prototypen bildnerisch zu formulieren: den überstehenden Oberkiefer (im Folgenden auch einfach Überbiss genannt), gepaart mit der imposanten Knollennase. Doch was hat Loriot zu diesem ungewöhnlichen Kunstgriff bewogen; wie entstand der typische Loriot-Mensch mit seinen ausgeprägten Erkennungsmerkmalen, den Deutschland so in sein humoristisches Herz geschlossen hat? Und welche Karikaturisten waren maßgeblich für die Findung von Loriots ureigenem Stil und Sinn für Humor? Dem soll nun auf den Grund gegangen werden, aber so viel sei vorweggenommen: Es begann (fast) alles, wie so vieles bei Loriot, mit einem Tier. Sie denken an den Hund? Weit gefehlt!

Neuer Kopf, wie er hier lacht,
wird im Handumdrehn gemacht.

Abb. 1[1]

Erste humoristische Zeichnungen, die Loriot ab 1950 veröffentlichen kann, zeigen einen gemäßigt ausdruckhaften künstlerischen Duktus der Tuschzeichnung. Die bereits typischen Charaktere erscheinen in betont geschlossenem Umriss und auch in der jeweils individuellen, nur sparsam differenzierten Gestaltung der Figürlichkeit strahlen sie eine gewisse Unbeholfenheit aus. Bei näherer Betrachtung bestätigt sich dieser Gesamteindruck nur bedingt, denn in Hinblick auf den spürbar bewussten Umgang mit den zeichnerischen Mitteln lässt Loriot keinen Zweifel an künstlerischer Klarheit und Sicherheit. Mit seiner sehr deutlichen Entscheidung für einen laienhaften Darstellungsstil nämlich gelingt Loriot ein sehr spezielles, für seinen humoristischen Darstellungsstil typisches Ineinandergreifen und Verschmelzen der bildnerischen Mittel mit der Figurensprache, was als künstlerische Intention ganz im Sinne der Tradition von grafischer Satire und humoristischer Zeichnung wie auch der neuen Strömungen in der Kunst des 20. Jahrhunderts bewertet werden muss.[2]

Eine gewisse Verhaltenheit in Mimik und Körperhaltung selbst in noch so turbulenten Szenarien ist typisch für seine Akteure. Anatomisch kennzeichnend ist die rundliche Statur mit einem proportional kleineren Unterkörper und den meist dünnen, kurzen Beinen. Die Frauen, mit ihren markant weiblichen Rundungen in Brust- und Gesäßbereich, möglichst im schlichten, nur ausnahmsweise blumig gemusterten Kleid und den obligatorischen Pumps mit mittelhohem Absatz, oft auch mit Hut, sollen den Anschein der nur vordergründig bürgerlich-braven Ehefrau erwecken. Die Männer lässt Loriot grundsätzlich und in beinahe jeder noch so alltäglichen Situation in ihrem ungewöhnlichen Outfit, dem Stresemann mit Jackett und gestreifter Hose, Hemd mit Fliege oder Krawatte, Hut oder Melone, auftreten. Auch wird ein kleiner Schmerbauch, betont durch die gestreifte Hose, zu einem weiteren Charakteristikum des Mannes. Indirekt, aber dennoch dezidiert äußert sich in eben dieser Unangemessenheit der Kleidung ihr Protest gegen die bürgerliche Alltäglichkeit, wenn Loriot seinen Prototypen auf die Rolle des Wohlstandsbürgers, der die Nachkriegszeit gerade überwunden hat, festlegt. Auch sieht sich Loriot (auf leisen Sohlen?) zu einem geringfügig scheinenden gestalterischen Kunstgriff veranlasst, um eine in ihren Verhaltensweisen erkennbare Verweigerungshaltung gegenüber Normen unterschwellig spürbar zu machen: Im Unterschied zur Frau gesteht er dem Mann nur eine auf andere Weise unangemessene und lächerlich simple, dem häuslichen Umfeld zuzuordnende Fußbekleidung zu: ein schlichtes, undefinierbares Pantöffelchen.[3]

Die Schlagzeilen der in den 1950er Jahren populären Magazine wie »Quick«, »Weltbild« und »Stern« waren eigenwillig und pointiert formuliert.[4] Aus heutiger Sicht ist mehr als deutlich, dass diese für einen so äußerst sensiblen humoristischen Künstler wie Loriot ein schier unerschöpfliches Reservoir für geniale Einfälle darstellten. Sein enorm kritischer und wacher Beobachtungssinn im Blick auf gesellschaftliche und kulturelle Gegebenheiten, insbesondere menschliche Verhaltensweisen sowohl im Alltäglichen wie auch in Extremsituationen versetzen ihn in die Lage, aus allem seine humoristische, vorwiegend lakonische Quintessenz zu ziehen. Viele bildnerische Elemente – Motivik und Details zum Beispiel bei der Figur des Prototypen – setzt er mit enormer Könnerschaft so kalkuliert ein, dass der Betrachter Ungereimtheiten und Widersprüche nur unterschwellig wahrnimmt, aber umso mehr automatisch amüsiert reagiert, sobald er sich auf die Komik in der Bilderzählung und ihrer Gestaltung einlässt.[5]

Historisch betrachtet steht Loriot mit seinem humoristischen Zeichenstil in der Nachfolge von Wilhelm Busch und auch dem Erfinder des humoristischen Bilderromans Rodolphe Toepffer. Bereits 1845 hat Toepffer in seiner Abhandlung »Essai de Physiognomie« minutiös aufgezeigt, welche unendlichen Möglichkeiten eine physiognomische Reduktionsform bietet, wenn man ihre wenigen Details minimal verändert und in ausdruckhafte Mimik übersetzt.[6] Was den unterhaltenden und letztendlich immer empathischen humoristischen Grundtenor wie auch den bildkünstlerischen Ansatz gerade zu Beginn seiner eigenen Publikationen in den Printmedien betrifft, greift Loriot naturgemäß auf die zeitgenössischen Künstler des 20. Jahrhunderts zurück. Vorbild sind unverkennbar die Bildergeschichten »Adamson« von Jacobsson (1925 bis 1929),[7] und mit aller Deutlichkeit E. O. Plauens »Vater und Sohn« (1935 bis 1938).[8] Der Devise einer ersten Generation humoristischer Zeichner und Karikaturisten nach 1945 entsprechend entwickelt Loriot stilistisch klar definiert sein eigenes Spektrum an Charakteren aus der Variation seiner Prototypen für Mann und Frau im Sinne eines karikaturistischen Markenzeichens, das er im Unterschied zur Praxis der dann auch in Deutschland populär werdenden Comicstripzeichner nicht personalisiert (man vergleiche etwa die »Peanuts« von Charles M. Schulz).[9]

Der amerikanische Literat und Zeichner James Thurber, für Loriot ein erstes wesentlich prägendes Vorbild, wurde dem deutschen Publikum bereits 1948 mit der Veröffentlichung des Buches »Rette sich wer kann« durch den Rowohlt Verlag bekannt gemacht. Einen erheblichen Einfluss auf den humoristischen Darstellungsstil des jungen Zeichners übte zunächst auch der französische Karikaturist Jean Effel, wie Thurber als Zeichner Autodidakt, mit seiner Bildergeschichte »Die Erschaffung der Welt« aus.[10] Die Anlehnung an Jean Effels Umrissstil zeigt, dass Loriot von Anfang an die für seine Positionierung im Genre notwendige zeichenstilistische Entscheidung trifft: eine in sich bewegte, aber weitgehend ausdrucksneutral durchgezogene Kontur in der auf we-

Abb. 2[11]

sentliche Merkmale der Anatomie und Physiognomie reduzierten Figurenzeichnung, die er mit Akzentsetzungen mittels Schwarz-Weiß-Kontrasten verbindet.[12]

Abb. 3

Eine Orientierung an James Thurber erkennt man demgegenüber hauptsächlich auf der inhaltlichen Ebene. Ohne die Verwandtschaft mit Thurbers Charakteren und Motiven zu verleugnen, gestaltet er in seinen Bilderserien »Auf den Menschen gekommen« und »Auf den Hund gekommen« das Thema eines Rollentauschs zwischen Mensch und Hund in einer sehr eigenständigen Weise und in Anknüpfung an herkömmliche karikaturistische Praktiken.[13] So verzichtet Loriot ganz darauf, die Tiere durch die Kleidung zu vermenschlichen. Lediglich die aufrechte Körperhaltung, ein angeglichener Maßstab sowie auch Bewegung und Mimik definieren die anthropomorphe Rolle.

Selbstbewusst und dem Menschen demgegenüber ebenbürtig in jeder Hinsicht agiert und bewegt sich das Nashorn Reinhold in den Bildergeschichten für die Kinderbeilage »Sternchen« des »Stern« ab 1953 bis 1970.

Mein Gott, warum gehst du denn nicht etwas vors Haus und suchst ein wenig herum.

Abb. 4

Zugleich verbindet sich mit diesem tierischen Prototyp die künstlerisch weitreichende Schlüsselidee Loriots, dass dieses Nashorn die Gabe besitze, sein Horn nach Belieben einfach abzunehmen (wenn er es zum Beispiel wie einen Hut an der Garderobe abgibt). Darüber hinaus versteht Reinhold es, dieses kennzeichnende physiognomische Merkmal in unterschiedlichster Weise gegenständlich zu interpretieren, indem er es aus seinem natürlichen Kontext gelöst begreift, um es dann zweckentfremdet zum Beispiel als Post-Horn (typisches Wortspiel) zu benutzen. Was in der kindlichen Vorstellung im Prozess der optischen Wahrnehmung durch einen assoziativen Impuls auf der Basis von analogen Formen gegenständlicher Motive möglich ist, setzt Loriot mühelos und plausibel in dieser anderen fiktiven Realitätsebene des Bildnerischen um.[14] Der humoristische Effekt, die Pointe, ergibt sich allein aus der Überraschung darüber, wie logisch eine irreale Handlungsweise hier ins Bild gesetzt wurde und dank der reduzierten zeichnerischen Gestaltung als Vorgang perfekt funktioniert.

Der bereits im Frühwerk stattfindende wesentliche künstlerische Schritt Loriots besteht darin, dass er sich diesen humoristischen Ansatz auf eine ganz originäre Weise zu eigen machte. Er findet nämlich zu einer seiner wichtigsten humoristischen Methodik, die darin besteht, dass er die Komik der Handlung aus dem Formgeschehen heraus und konsequent innerhalb der Realitätsebene der Zeichnung logisch entwickelt. Dass die Reduktion der Motivik auf das Wesentliche die dafür notwendige Basis liefert, könnte Loriot als Erkenntnis aus den künstlerischen Inventionen von frühen amerikanischen Trickfilmern wie Emile Cohl (»Fantasmagorie«, 1908) und Ub Iwerks (»Alice's Adventures, Walt Disney, Laugh-o-Grams«, 1925 ff.) gewonnen haben.[15]

Es kann kein Zufall sein, dass Loriot gerade zu diesem Zeitpunkt (Ende 1955) den entscheidenden Schritt für eine Lösung des physiognomischen Details der Mundpartie seiner Prototypen vollzieht. Was hat sich wohl in Loriots Fantasie abgespielt, wenn Reinhold sein Horn abnimmt? Die im Profil betrachtete Silhouette des *hornlosen* Nashorns nähert sich signifikant dem menschlichen Profil an und wird offenbar als eine mögliche Silhouette

Abb. 5

für seine menschlichen Figuren erkannt. Loriot lässt diese von der Nashornfigur losgelöste Mundpartie jedoch nicht als tierisches Merkmal gelten, sondern installiert, dem neuen menschlichen Kontext entsprechend, die Anomalität eines Überbisses. Dies nicht genug: Ganz selbstverständlich führt Loriot dieses neu gefundene Charakteristikum als Standardprofil für all seine gezeichneten Figuren ein und führt das Spiel mit der Mundpartie auch in der Maske der Schauspieler in späteren Sketchen und Filmen fort. Bezeichnend für Loriot ist zudem der zugleich konsequente innere Widerspruch, mit dem er für die frontale Ansicht synonym einen normalen, leicht geschürzten Mund erfindet und zum alternativen zweiten physiognomischen Merkmal seines Prototyps erklärt.[16]

Frei nach dem Motto »Stets findet Überraschung statt, da, wo man's nicht erwartet hat«[17] beobachtet Loriot mit seiner unnachahmlichen Treffsicherheit Situationen des Alltags und Verhaltensweisen, die als normal gelten und allgemein relevant für die Betrachtung menschlicher Existenz, gesellschaftlicher Zustände etc., kurz: ›aus dem Leben gegriffen‹ sind. Diese Normalität zu durchbrechen, zu unterminieren, infrage zu stellen oder auch zu Alternativen anzuregen und diese bis hin zur Absurdität auszuleben, erweist sich immer mehr als Angelpunkt für Loriots komische Einfälle. Typischerweise landen seine Menschen dabei oft im Chaos und in der Konfrontation mit der negativen Konsequenz ihres Handelns. Speziell die *Diskrepanz und Unverhältnismäßigkeit* in Hinblick auf die Reaktion der Betroffenen wird

Abb. 6[18]

von Loriot als Movens für die komische Wirkung seiner Bilder immer perfekter eingesetzt. Denn – dies ist vom Zeichner mit Sicherheit einkalkuliert und als komische Wirkung beabsichtigt – der Betrachter reagiert im umgekehrten Verhältnis zum stoischen Verharren und Erstarren der involvierten Akteure amüsiert auf diese Grenzüberschreitungen.

Seine Affinität zum heiteren Grundtenor des Thurber'schen Humors bringt Loriot dazu, Mitte der 1950er Jahre noch einmal aus einem anderen Blickwinkel heraus an dessen Stil und Methoden anzuknüpfen. So folgen die Texte von James Thurber dem Prinzip, eine Erwartungshaltung des Lesers zu initiieren, um sie dann mit abstrusen, abwegigen und sinnlosen Schlussfolgerungen zum Beispiel in der vorgeblichen Moral zunichtemachen zu können. Unsinn und skurrile Auflösung zu absurden Zusammenhängen gehören zum humorvollen Spiel.[19] Mit dem Titel seiner Serie »Wahre Geschichten erlogen von Loriot«, die von April bis Dezember 1955 in »Weltbild« erscheint,[20] erhebt Loriot seine Liebe zu *ironischer Distanz und Widersprüchlichkeit* von vornherein zum Programm. Aber um welche Geschichten handelt es sich und warum sind sie in Wahrheit nicht nur erfunden, sondern nachdrücklich als Lüge deklariert? Die humoristische ›Seelenverwandtschaft‹ zwischen Thurber und Loriot, was die Suche nach Grenzüberschreitungen betrifft, erweist sich auch hier wieder. Es liegt zudem nahe, im frühen amerikanischen Stummfilm der 1930er Jahre eine ganz umfassende Anregung beim Slapstick von Künstlern wie Buster Keaton, Charlie Chaplin und Laurel & Hardy in Betracht zu ziehen (man vergleiche auch die späteren filmischen Arbeiten).

Abb. 7

In ganzer Stärke kommt Loriots Erfindungsreichtum in Sachen Absurdität zum Tragen, als er sich im Jahre 1959/60 vom Werbeslogan »Nimm's leicht. Nimm Scharlachberg«[21] zu irrealen Bilderfindungen inspirieren lässt. Vorausgegangen waren Bildergeschichten, die im Zusammenhang der Serie »Wahre Geschichten erlogen von Loriot« entstanden sind. In einer der Folgen aus dem Jahre 1958 mit dem Titel »Naturschauspiel«[22] zeigt Loriot in drei Sequenzen einen Mann, der auf einer Bank am Meer sitzend den Sonnenuntergang beobachten will. Anders als zu erwarten fällt der Sonnenball, ähnlich einer riesigen Kugel, mit einem großen Platscher ins Meer (auch naheliegend: die Assoziation mit einem Atombombenversuch). Dieser Vorgang muss ungeklärt als Absurdität akzeptiert werden, da in jedem Fall alle Versuche einer rationalen Erklärung zum Scheitern verurteilt sind.

Den Schritt zu vollends absurden Bilderfindungen machen zu können, verdankt Loriot wohl dem amerikanischen Karikaturisten Chas Addams.[23] Kennzeichen dieser Neuerung ist, dass auch Loriot eindeutig an den Gedanken einer unauflösbaren Irrealität (nicht zu verwechseln mit einer nur ironisch gemeinten Infragestellung der Realitätsebenen) anknüpft, wie es zum Beispiel Magritte in seinen surrealistisch geprägten Gemälden bildnerisch umgesetzt hat.[24]

Unter dem Titel »Tagebuch« erscheint in »Quick« vom September 1968 bis September 1970 als umfangreiche Werkgruppe eine Anzahl von Karikaturen, in denen Loriot in Erweiterung seines bereits durch das Mittel der Collage aufgebrochenen reinen Linearstils erstmalig die Technik der Fotomontage benutzt.[25] Wiederum mit einer Art Kunstgriff versteht er es, seine gezeichneten Charaktere in das vorgegebene fotografische Bild (Porträt oder Situation) einzufügen und narrativ humoristisch ›in Szene zu setzen‹. So tritt zum Beispiel ein Bundestagsbediensteter (Saaldiener) vor Helmut Schmidt und hält ihm ein Tablett vor den geschürzten Mund mit der Aufforderung »Herr Schmidt, Sie möchten den Bonbon sofort herausgeben – er gehört Herrn Wehner.« Noch einmal offenbart sich hier, in wie unvergleichlich plausibler Weise Loriot es auf allen Ebenen des Bildnerischen versteht, eine Mimik umzudeuten und in eine als solche auch komisch und lächerlich wirkende Situation umzumünzen.

Abb. 8[26]

„Herr Schmidt, Sie möchten den Bonbon sofort herausgeben — er gehört Herrn Wehner."

Abb. 9

Mit diesen humoristischen Fotozeichnungen und Montagen gelingt es Loriot noch einmal neu, seine im Rahmen der Fernsehserie »Cartoon« (1967)[27] angezeigte Beschäftigung mit dem frühen Trickfilm fruchtbar zu machen und eindeutig unter Beweis zu stellen, dass seine typische Figur, in jeder Konstellation und in einem scheinbar unerschöpflichen thematischen und künstlerischen Kosmos in seiner Rolle als *Loriot-Männchen* zu überzeugen vermag.[28]

Mit Blick auf die künstlerische Entwicklung Loriots und den stetigen Werdegang seines Charaktertyps durch all die Jahrzehnte des Schaffens hindurch erscheint es nicht überraschend oder widersprüchlich, dass der Künstler seinen Schwerpunkt auf die performativen Medien verlagert hat. Ohne seinem zentralen Prototyp untreu zu werden, hat er die Herausforderung angenommen, für das Medium des Zeichentrickfilms adäquate Gestaltungsmittel und Methoden zu entwickeln und auch darin seinen typischen humoristischen Stil zu etablieren.[29]

1 Abb. 1: Ausschnitt aus Loriot: »Das Menschenhorn«, in: Ders.: »Reinhold das Nashorn. Mit Versen von Basil. Ein kleines Diogenes Kinderbuch«, Zürich 1969, o. P. — **2** Vgl. zur Karikatur als kunsthistorischer Gattung: Gerhard Langemeyer u. a. (Hg.): »Bild als Waffe. Mittel und Motive der Karikatur in fünf Jahrhunderten«, München 1984, mit den wichtigsten älteren und zeitgenössischen wissenschaftlichen Aufsätzen und umfangreichem Bildmaterial. — **3** Reminiszenz an E. O. Plauen und seine Prototypen »Vater und Sohn« mit ähnlich standardisierten Pantöffelchen. Vgl.: E. O. Plauen (Erich Ohser): »Vater und Sohn«, Bildergeschichten, Berlin 1935–38. — **4** Beispiele dafür wären etwa N. N.:»Storch hatte Verspätung, Arzt soll zahlen«, in: »Stern«, Februar 1956, S. 7 oder auch Werbeslogans wie N. N.:»Bazillen fahren Straßenbahn – ich schaff mir TEMPO-Tücher an«, in: »Stern«, November 1951, S. 32. — **5** Vgl. Sigmund Freud: »Der Witz und seine Beziehung zum Unbewußten«, Wien 1905. — **6** Rodolphe Toepffer: »(…) die Zeichen, die dem Zeichner der Strichzeichnung zur Verfügung stehen, (sind) von zweierlei Art (…): die permanenten und die nicht-permanenten Zeichen«. »Essai de Physiognomie«, 1845, in: Ders.: »Essay zur Physiognomie«, aus dem Franz. übertr. von Wolfgang und Dorothea Drost, mit einem Nachw. von Wolfgang Drost und Karl Riha, Siegen 1982, 8. Kap., S. 39 ff. Vgl. auch historisch: Gianlorenzo Bernini: Kardinal Scipione Borghese, ca. 1650 und Pablo Picasso: Portrait Apollinaire, 1929, in: Werner Hofmann: »Die Karikatur von Leonardo bis Picasso«, Wien 1956, S. 14, Abb. 4 und S. 33, Abb. 14. — **7** Oscar Jacobsson: »Adamson«, deutsche Buchausgaben Berlin 1925–29, wiederaufgelegt ab 1954 bei Rowohlt, Hamburg. Siehe auch in der Figur des Adamson die schimpansenartige Mundpartie. — **8** E. O. Plauen: »Vater und Sohn«, a. a. O., wiederaufgelegt bei Südverlag, Konstanz 1949 ff. — **9** Vgl. Gertrud Vowinckel-Textor: »Die humoristische Graphik in Deutschland nach 1945. Aspekte ihrer Entwicklung im Wechselspiel von Produktion und Rezeption«, in: »kritische berichte«, 21,2 (1993), S. 27–45, sowie: Jürgen Döring: »Vereinfachung: sparsame Striche«, in: »Bild als Waffe«, a. a. O., S. 63–90, Ders.: »Teil 1, Verformung der menschlichen Figur: drei Möglichkeiten«, S. 18–90, und speziell zum Aspekt des Markenzeichens S. 90, Katalog Nr. 56, Ernst Volland: »Hommage«, (1978), Siebdruck, koloriert, 625 x 879 cm, Abb. in »Bild als Waffe«, a. a. O., Katalog Nr. 56, S. 90; zum Genre des Comicstrip vgl. Andreas Platthaus: »Im Comic vereint. Eine Geschichte der Bildergeschichte«, Berlin 1998. — **10** Veröffentlichungen bei Rowohlt: James Thurber: »Rette sich wer kann« (1948), »Achtung Selbstschüsse« (1950) und »Die letzte Blume« (1953) und Jean Effel: »Die Erschaffung der Welt«, (1950/51) »Als die Tiere noch sprachen« (1953), »Die Erschaffung des Menschen« (1953) und »Der kleine Engel« (1953). — **11** Abb. 3 und 4 in: James Thurber, o. T., in: Ders.: »Rette sich wer kann«, Hamburg 1948, rückwärtiger Einband und S. 229. — **12** Loriot orientiert sich also in Bezug auf die unterschiedlichen Lager am Zeichenstil von amerikanischen wie europäischen Künstlern, z. B. an Otto Soglow, Saul Steinberg, Jean Effel, die die ausdrucksneutrale, durchgezogene Kontur in Verbindung mit einer reduzierten Figurendarstellung in der Nachfolge des Jugendstil bevorzugen. Vgl. Gertrud Vowinckel-Textor: »Der *New Yorker* und seine Bedeutung für die moderne humoristische Zeichnung, den Cartoon«, in: »Bild als Waffe«, a. a. O., S. 441–449. — **13** Vgl. historisch dazu: die »Verkehrte Welt«-Thematik im volkstümlichen Bilderbogen wie auch speziell den Ansatz der Physiognomisten und Karikaturisten in Frankreich (z. B. J. I. I. Gérard Grandville) und England im 18./19. Jahrhundert. Vgl. Dietrich Grünewald: »Loriot und die Zeichenkunst der Ironie« (Vortrag in Münsing 2016), in: »Comicoskop – Das deutsche E-Fachmagazin für Comic-Kultur, Cartoon, Manga & Bildgeschichte«, https://www.comicoskop.com/cartoons-loriot-und-die-kunst-der-ironie-1-teil/ (15.1.2021). — **14** In den Kunstströmungen des frühen 20. Jahrhunderts bereits angelegt. Vgl. Gertrud Vowinckel-Textor / Andreas Vowinckel: »Figürlicher Zeichenstil im Werk von Lyonel Feininger und Paul Klee«, in: Uta Gerlach-Laxner / Ellen Schwinzer (Hg.): »L. Feininger – P. Klee, Malerfreunde am Bauhaus«, Hamm/Würzburg 2009, S. 25–46. — **15** In einer Fülle von Beispielen nämlich zeigen diese ersten Filme, wie die lineare Form eines gegenständlichen Motivs, auch einzelne seiner Details oder sogar abstrakte Zeichen aufgenommen werden, aus ihrem Zusammenhang buchstäblich isoliert und in einen neuen überführt werden oder zu einem anderen gegenständlichen Motiv oder figürlichen Detail mutieren. — **16** Vgl. Henri Bergson: »Le Rire; essai sur la signification du comique«, Paris 1900, deutsche Ausgabe: Ders.: »Das Lachen. Ein Essay über die Bedeutung des Komischen«, Zürich 1988, Kapitel 1, III.: »Von der Komik im Allgemeinen«, S. 24–28, zur Frage der Reaktion auf eine dargestellte reale körperliche Missbildung im Unterschied zur karikaturistischen Verzerrung körperlicher Motive. Warum in der Rezeption diese durch Loriot standardisierte Profilformulierung der Mundpartie als Abnormität geradezu tabuisierend nicht benannt wird, soll als ungelöste Frage hier in den Raum gestellt werden. — **17** Untertitel zu Loriot: »Eine wahre Geschichte (erlogen von Loriot)« in: »Weltbild«, 8.6.1957, S. 21. — **18** Abb. 5 in: Loriot: Illustration zu »Wen Reinhold besucht«, in: Ders. »Reinhold das Nashorn von Loriot. Wolf Uecker und Günther Dahl schrieben alles auf, was sie über Reinhold und seine Familie erfahren konnten«, Stuttgart 1954, S. 22, und Abb. 6 in: Loriot: o. T., in: Ders.: »Loriot, Spätlese«, Zürich 2013, S. 92–93 (Kapitel »Frühstücke«). — **19** Anders als Thurber beherrscht Loriot das Metier des bildenden Künstlers so umfassend, dass er, vergleichbar mit Wilhelm Busch, den bildnerischen Anteil mit dem sprachlichen interaktiv und ironisch verschränkt. Dies wird zum wesentlichen Faktor der humoristischen Aussage und komischen Wirkung bei den sehr populären parodistischen Ratgeberserien in »Quick«, 1957 ff. — **20** Vgl. auch Loriot: »Wahre Geschichten erlogen von Loriot«, Zürich 1959. — **21** Loriot: Anzeigenbewerbung für Scharlachberg, in: »Quick«, 2.4.1960 bis 17.3.1963. — **22** Loriot: »Naturschauspiel«, in: »Weltbild«, 1.9.1956, S. 24. — **23** Wie James Thurber seit den 1930er/40er Jahren gefeierter Zeichner des »New Yorker«, gelangte Charles Addams zu besonderer Beliebtheit, nachdem er den schwarzen Humor in die neue humoristische Zeichnung eingeführt hatte. Vgl. Charles Addams: »Gespensterparade«, Hamburg 1954; vgl. auch: Karl Günther Simon: »Das Absurde lacht sich tot«, München 1958. — **24** René Magritte, z. B. »La condition humaine«, 1933, Öl auf Leinwand, 100 x 81 x 1,6 cm, National Gallery of Art, Washington DC, vgl. auch: André Breton: »De l'humour noir«, Paris 1937, urspr. Vortrag von Breton im Oktober 1937 bei der Weltausstellung in Paris in der Comédie des Champs-Elysées. — **25** Vgl. historisch: John Heartfield, der diese satirische Methodik in die moderne Kunst eingeführt hat und zeitgenössisch die neue Rolle der Fotografie im Genre der humoristischen Publizistik nach 1945, z. B. das englische humoristische Magazin »Lilliput«, insbesondere Robert Doisneau: »The picture in the window, and eight ways of viewing it«, in: »Lilliput«, September 1949, S. 53–60. — **26** Abb. 7 in: Loriot: »Loriot. Der gute Geschmack«, Zürich 1964 (Cover); Abb. 8 in: Saul Steinberg: o. T., in: Ders.: »Steinberg's Passeport«, Hamburg 1954, o. P.; Abb. 9 in: Loriot: »24. März«, in: Ders.: »Loriots Tagebuch«, Zürich 1970, S. (34)/35, zuerst in: »Quick«, 26.11.1969, S. 5. — **27** Vgl. TV-Serie »*Cartoon,* Ein Streifzug durch den gezeichneten Humor mit Loriot«, Süddeutscher Rundfunk, 1967–72. — **28** Vgl. Winsor McCay: »Gertie the Dinosaur«, Fox Film Corporation 1914, sowie u. a. Ub Iwerks: »Alice's Wonderland«, Disney Brothers Cartoon Studio, M. J. Winkler 1923 ff., in denen Realfilm und Zeichentrick mit ihrem unterschiedlichen Realitätsgrad auf vielfältige Weise spielerisch interaktiv und deutlich humoristisch narrativ miteinander verquickt werden. — **29** Vgl. Stefan Neumann: »Loriot und die Hochkomik, Leben, Werk und Wirken Vicco von Bülows«, Trier 2011, Kapitel 2,4 und 2,5, S. 43–49 und 3. »Exkurs: Loriots Trickfilmsketche«, S. 226 ff.

Felix Christian Reuter

Loriots Fernsehsketche – mehr als nur Klassiker

Ein Plädoyer für eine historisch-kritische Loriot-Ausgabe

»Großmeister des Humors«,[1] »Lichtgestalt«[2] oder »Ehrenretter des deutschen Humors«,[3] so oder ähnlich wurde Vicco von Bülow alias Loriot immer wieder genannt. Er ist eine Figur, die aus der deutschen Unterhaltungslandschaft, der deutschen Kultur nicht wegzudenken war. Aber ist das eigentlich noch immer so?[4]

Natürlich haben die Zeiten sich schlichtweg geändert, Vicco von Bülow lebt nicht mehr und ist nicht mehr als aktiver Künstler präsent. Seine Sketche kann man auf YouTube sehen, sie sind in einer Gesamtedition auf DVD erhältlich[5] und werden auszugsweise immer wieder im Fernsehen gezeigt, traditionell an Feiertagen. Sie werden noch immer als Momente der Gemeinschaft, des Fernsehens in der Familie angesehen. Aber der gemeinsame Austausch darüber ist wahrscheinlich gar nicht mehr so leicht, die wissenschaftliche Forschung sogar durch eine unzulängliche Quellenlage erschwert.

Auf dieser Grundlage ist davon auszugehen, dass man mittlerweile, und auf Dauer sowieso, nicht um eine historisch-kritische Textausgabe von Loriots Sketchen herumkommen wird. Nur so können sie in ihrem kulturhistorischen Kontext auch für zukünftige Generationen weiterhin zugänglich und verständlich bleiben. Es wäre schade, in Loriot ›nur‹ den Klassiker zu sehen, in dessen Sketchen allgemeingültige, zeitüberdauernde Komik zu finden ist. Der Blick fürs versteckte Detail eröffnet eine reichhaltige Vielschichtigkeit, die Loriots Werk erst recht den Status eines hochkanonischen Kultur- und Bildungsgutes und auch eines Gesamtkunstwerks verleiht.

Loriots Fernsehsketche sind hauptsächlich in den Jahren 1967 bis 1980 entstanden[6] und leben als Parodien und Satiren von der Nachahmung und Überspitzung oder Verkehrung einer Realität, die in ihren Zeitbezügen erst einmal erkannt werden muss.[7] Die von Loriot parodierte Realität ist nicht selten das die genannte Zeit prägende Medium: das Fernsehen. Man denke hier an von ihm parodierte Sendungen des öffentlich-rechtlichen Fernsehens, wie »Der 7. Sinn« oder »Aktenzeichen XY ungelöst«. »Der 7. Sinn«, von vielen als »die Mutter aller Verkehrssendungen« angesehen, wurde von 1966 bis 2005 ausgestrahlt. Hier wurden Tipps und Erklärungen zum Straßenverkehr anschaulich präsentiert. In Loriots Parodie wird ganz im belehrend-warnenden Ton und Ratgeberstil der Originalsendung zu einer grotesk erscheinenden Demontage des kompletten Automobils geraten: »Der verantwortungsbewusste Autofahrer bringt alle 200 Kilometer sein Fahrzeug durch Vollbremsung zum Halten, um eine gründliche Überprüfung seines Fahrzeugs vorzunehmen.«[8] Im Realfilm-Sketch wird der Original-Vorspann der Sendung übernommen, bevor nach der genannten »Vollbremsung« die abstruse Situation auf einer Autobahn inszeniert wird. Am Ende erscheint Loriot als Moderator auf seinem typischen grünen Sofa, direkt neben dem ausgeschlachteten Fahrzeug. Erst hier wird eindeutig formal mit dem Originalformat gebrochen.

Die Sendung »Aktenzeichen XY ungelöst« gibt es heute noch immer, allerdings nicht mehr vom Initiator Eduard Zimmermann moderiert. Gestartet wurde die Sendung im Jahre 1967 mit dem Ziel, zur Aufklärung realer Verbrechen beizutragen. Es bestand dabei eine Kooperation zwischen dem ZDF, dem ORF und dem SRF. Loriots Parodie baut, neben der Kombination abstruser, offensichtlich unkombinierbarer, aber scheinbar wichtiger Hinweise auf Personen, Orte und Gegenstände, auf der Imitation des deutschen Moderators auf. Nur wer das nötige Zeitwissen hat, weiß allerdings, dass die Namen des österreichischen und des schweizerischen Kollegen, »Claus Platschek« und »Ruedi Stümpfli«, Erfindungen Loriots sind.

Das Wissen um die Originale, die Loriot parodiert hat, schwindet zunehmend. Und Loriots parodistische Künste als Imitator von Moderatoren können nur diejenigen schätzen, die das Original auch kennen. Das prominenteste Beispiel ist wahrscheinlich Loriots Nachahmung von Bernhard Grzimek, dem Tiermediziner und Verhaltensforscher, der von 1956 bis 1980 die Fernsehreihe »Ein Platz für Tiere« in der ARD moderierte. Loriot gelang mit seinem Sketch »Die Steinlaus« eine Parodie, die Grzimek dazu verleitet hat, zu Beginn einer seiner Sendungen zu sagen: »Das bin jetzt wirklich ich und nicht Loriot.«[9] Sowohl auf sprachlicher und prosodischer als auch auf mimischer und gestischer Ebene wird der Tierforscher imitiert. Wie das Original beginnt der Doppelgänger Loriot zum Beispiel mit den Worten: »Guten Abend, meine lieben Freunde«. Der nasale, gutväterliche Ton Grzimeks, zusammen mit einer täuschend echt wirkenden Maske und dem Szenario, dass ins Studio mitgebrachte Tiere für Trubel oder Zerstörung in der Live-Sendung sorgen, lassen das Imitat nah an das Original herankommen. Bei Loriot wird gerade die Zerstörung zum Grundmotiv für die erfundene Steinlaus: »Bis vor einigen Jahren lebte die Steinlaus noch zu Tausenden in den Wohn- und Geschäftshäusern unserer Großstädte und ernährte sich von allerlei Baumaterial, wobei sie gelegentlich auch einen Eisenträger nicht verschmähte. Da konnte es dann schon mal passieren, dass ein Bauwerk im Ganzen etwas nachgab.«[10]

Loriot erfindet mit der Steinlaus ein gezeichnetes Wesen, das es als einziges in ein medizinisches Wörterbuch, den »Pschyrembel«, geschafft hat.[11]

Loriots Geschöpfe sind Teil einer kulturellen, in diesem Falle sogar einer vermeintlichen naturwissenschaftlichen Realität geworden, deren Grenzen humoristisch geöffnet wurden. In dem Sinne muss man sogar die Ursprünge der »Steinlaus« kennen, um keinem Irrtum zu unterliegen. Im Wörterbuch-Artikel wird nämlich nicht aufgelöst, dass das »kleinst(e) einheimisch(e) Nagetier« erfunden ist.[12] Das Wissen um Loriots Sketche wird somit nicht nur zum Spiegel eines Archivs für Fernsehgeschichte, sondern auch zum notwendigen Code für kulturelle Chiffren.

Nicht nur Verweise auf Personen oder Fernsehsendungen reichern das Bedeutungsspektrum von Loriots Sketchen an, sondern auch Erklärungen zu Gegenständen, die den Alltag seiner erfundenen Figuren und seines Publikums widerspiegeln. Im Sketch »Vertreterbesuch«[13] führt ein Weinvertreter Frau Hoppenstedt in ihrer Wohnung unterschiedliche Weinsorten vor, die real existierenden Weinnamen nachgebildet sind. Das »Hupfheimer Jungferngärtchen« erinnert zum Beispiel an den Rheingauer Wein »Hallgartner Jungfer« oder an den »Deidesheimer Paradiesgarten«. Für den Namen der Firma »Pahlgruber & Söhne« existiert die Vorlage einer deutschen Weingutkette namens Pallhuber. Der Staubsauger der erfundenen Marke »Heinzelmann« aus demselben Sketch hat sein Vorbild im Modell »Kobold« der Firma Vorwerk. Bereits in den 1930er Jahren gab es diesen Staubsauger, der mit ein paar Handgriffen zum Fön umgebaut werden konnte. Wie der »Heinzelmann« war auch der »Kobold« in »Silbergrau« lieferbar. Allerdings gab es ihn auch in »Natogrün«, nicht in »Russischgrün«, wie es in Loriots Text lautet. Hier sind die Gegner im Kalten Krieg, die NATO und die UdSSR, ausgetauscht. Je größer die zeitliche Distanz, desto weniger werden solche raffinierten Details (mit-)verstanden werden.

Eine weitere Kategorie von Verweisen, deren Aufdeckung sinnvoll für eine mehrdimensionale Erschließung von Loriots Sketchen ist, sind intertextuelle Bezüge zu Werken anderer Autoren. So wurden in der Forschung bereits Parallelen zu »Monty Python's Flying Circus« offengelegt.[14] Aber auch subtilere intertextuelle Parallelen erweitern den Blick auf den Anspielungsreichtum von Loriots Sketchwerk. »Lies keine Oden, mein Sohn. Lies die Fahrpläne: / sie sind genauer.« So beginnt Hans Magnus Enzensbergers Gedicht »Ins Lesebuch für die Oberstufe« aus dem Jahr 1957.[15] Enzensberger rät zur Lektüre der »Fahrpläne« und damit »zum radikalen Mißtrauen«[16], um jede Form des Wiederauflebens des Faschismus zu verhindern. Genauigkeit wird gefordert in der Wachsamkeit gegenüber Anzeichen einer Wiederholung der Geschichte. Wo fährt die Menschheit hin? Wo finden wir Orientierung? »Oden«, als Chiffre für Literatur in einem rein ästhetischen Sinne, erscheinen hier nutz- und wirkungslos und deshalb ersetzbar. Enzensbergers Gedicht selbst ist aber in seiner Art der performativen Ironie ein Beispiel für engagierte Lyrik der Nachkriegszeit.

So wie die Genauigkeit der »Fahrpläne« eigentlich auf eine Genauigkeit der Subjekte, »die viel gelernt haben«, hinführt, hebt das Lob des Fahrplans der deutschen Bundesbahn in Loriots Sketch »Literaturkritik« eigentlich die Genauigkeit des Betrachters Vicco von Bülow hervor: Hier preist ein Kritiker in höchsten Tönen ein Buch an, das sich am Ende als Fahrplan der Deutschen Bundesbahn herausstellt. Die Präsentation von unfassbar belanglosen Kulturprodukten im Fernsehen wird durch groteske Genauigkeit karikiert. Der bis ins kleinste Detail imitierte Duktus des künstlich aufgeblasenen Kulturschaffenden, gepaart mit dem Verlesen präziser Ankunfts- und Abfahrtszeiten skizziert letztlich eine Sackgasse: »In Saarbrücken Hauptbahnhof kann mit Anschluss nicht gerechnet werden.«[17] Im Vergleich zu Enzensbergers Gedicht scheint Loriots Sketch apolitisch zu sein. Das ist er, genauso wie viele andere Sketche, streng genommen jedoch nicht. Auch Loriot fordert Genauigkeit, Aufmerksamkeit gegenüber dem medial vermittelten System, das sich häufig als verkehrte Welt herausstellt.

In dem Sinne müssen auch Bezüge zu Reden Vicco von Bülows mitberücksichtigt werden. Im Vortrag »Satire im Fernsehen« definiert er die Rolle des Satirikers mit einer betont politischen Dimension. »Ziel der Satire« sei nicht mehr wie früher »die Macht (...) oben in Staat und Gesellschaft«, sondern »der Wähler, der Konsument, der Zuschauer, der Autobesitzer, aber auch der Fernsehmacher, der Gewerkschaftler, der Werbefachmann, der Vertreter, kurz, der Mann und die Frau auf der Straße oder draußen im Lande, wie es immer heißt. Sie haben die Macht und tragen im Grunde die Verantwortung.«[18] Viele Sketche gewinnen vor diesem Hintergrund eine viel bissigere Aussage. Der, der lacht, ist eigentlich derjenige, der kritisiert wird.

Um aufzuzeigen, wie vernetzt Loriots Sketchwerk konzipiert ist und auch verstanden werden soll, können insgesamt Verweise innerhalb des Gesamtwerks nicht ausbleiben. Offensichtliche Überschneidungen zwischen den einzelnen Teilen sind Themen und Motive wie Musik, Kunst, Fernsehen, Ehe, Politik, Tiere, Technik – das alltägliche Leben, in dem viele Zuschauende sich und die Probleme ihrer Zeit wiedererkannt haben. Kenner und Liebhaber des Loriot'schen Universums wissen, dass es beispielsweise zum Thema Ehe nicht nur die oft zitierten Ehe-Trilogie-Sketche, »Feierabend«, »Frühstücksei« und »Fernsehabend«, gibt, sondern auch noch viele andere. Im Sketch »Kaninchen« etwa sollen Frauen in die genannten Nager verwandelt werden, denn »es ist eine bekannte Tatsache, dass über 70 Prozent aller Ehemänner lieber mit einem Kaninchen zusammenleben würden«.[19]

Im Kinofilm »Pappa ante Portas« wird der Lebensabschnitt karikiert, in dem der plötzlich pensionierte Ehemann auf einmal nach einer sinnvollen Integration ins häusliche Dasein sucht. In Loriots Adaptation von Richard Wagners »Der Ring des Nibelungen« heißt es: »(Fricka) eröffnet mit den

Worten ›Wotan! Gemahl! Erwache!‹ eine dieser klassischen ehelichen Auseinandersetzungen.«[20]

Die oben genannten Leitthemen durchziehen Loriots gesamtes Schaffen wie rote Fäden, weshalb es wichtig wäre, im Kommentar einer historisch-kritischen Textausgabe stärker auf sie aufmerksam zu machen, um zum Beispiel die Wiederholung und Variation einzelner Motive oder ihre Entwicklung vor einem veränderten soziohistorischen Kontext innerhalb der über 50 Jahre von Loriots Schaffen differenzierter darstellen zu können.

Außerdem sind die Sketche, wie die Zeichnungen, von ihrer ersten Buchausgabe an Themenkapiteln untergeordnet. Dadurch unterscheiden sie sich grundlegend von der authentischen Fernsehedition, die chronologisch konzipiert ist. Der Charakter des einheitlichen Gesamtwerks mag zwar unterstrichen werden, indem auch durch dieses Merkmal viele thematische Parallelen erkennbar werden: Im Comicband »Loriot's Heile Welt« gibt es etwa die Kapitel »Zarte Beziehungen«, »Kultur« oder »Dein bester Freund«; in »Loriot's Großer Ratgeber« trifft man auf: »Zwischen Damen und Herren«, »Kulturelles« und »Umgang mit Tieren«; im Band »Loriot's Dramatische Werke« liest man Überschriften wie: »Szenen einer Ehe«, »Kultur und Fernsehen« sowie »Das Tier als solches«. Allerdings geht für die Textedition der ganze Kontext der Fernsehsendungen, für die die Sketche konzipiert wurden, verloren. Zusammenhänge zwischen Sketchen und Zeichnungen bleiben ungeklärt, wenn zum Beispiel neben der Parodie zu »Der 7. Sinn« eine nicht ausgewiesene Zeichnung abgedruckt ist, die zugleich an eine andere aus dem Band »Loriot's Großer Ratgeber« erinnert. Der Text zu letzterer lässt wiederum offensichtliche Parallelen zum Sketch zu: »Alle fünfzig Kilometer ist eine gründliche Durchsicht der Maschine ratsam, wenn Sie Unannehmlichkeiten vermeiden und zügig vorankommen wollen.«[21]

Bei keinem anderen Werkteil als den Sketchen fällt derart auf, dass es keine zuverlässige Textedition gibt. Im Band »Loriot's Dramatische Werke«[22] aus dem Jahre 1981 fehlen einzelne Sketche, wie zum Beispiel »Das Beethoventrio«, sowie sämtliche Anmoderationen. Außerdem gibt es keine präzisen bibliografischen Angaben. Die 2006 erschienene Ausgabe »Gesammelte Prosa«[23] enthält nicht nur Fernsehsketche, sondern auch Gedichte, Festreden, Liebesbriefe, Kochrezepte und den Opernführer. Im Beiheft der vollständigen Fernsehedition wird diese Ausgabe angepriesen mit den Worten: »Jedes von Loriot jemals geschriebene Wort, zum ersten Mal komplett, in der richtigen Reihenfolge und mit allen notwendigen Satzzeichen versehen.«[24] Für die Fernsehsketche gilt dies jedoch nicht. Die erweiterte Ausgabe »Dramatische Werke«[25] aus dem Jahr 2016 macht zum Beispiel deutlich, dass auch Produktionen wie »Der Maskenbildner« zu den Fernsehsketchen gehören. Während, wie in »Gesammelte Prosa«, präzise Quellangaben vorliegen, fehlt allerdings auch hier das kritische Moment begründeter Auswahlkriterien. Einige Anmoderationstexte sind in dieser letzten Edition mit abgedruckt. Was ist jedoch zum Beispiel mit der anfangs genannten Abmoderation der Parodie »Der 7. Sinn«? Oder was führt dazu, einen der prominentesten Sketche wie »Das schiefe Bild«, alias »Zimmerverwüstung« wegzulassen? Die Kürze des Textes? 1981 war dieser Klassiker noch Teil der Sammlung.

Letztlich bleiben die Sketche quasi Einzelwerke, wortwörtlich Skizzen, die aus ihrem Entstehungskontext herausgehoben für sich stehen. Einerseits sind sie thematisch verbunden, und die Kategorien erweisen sich als erweiterbar. So lassen sich bislang noch unveröffentlichte Sketchtexte wie »Der Maskenbildner«, der vorher wahrscheinlich den Moderationsteilen zugerechnet wurde, problemlos unter bestehende Kategorien, hier »Kultur und Fernsehen«, subsumieren. Andererseits bleibt fraglich, ob das, was Loriot als Fernsehsketche erschaffen hat, bislang in den Buchausgaben überhaupt authentisch wiedergegeben wurde beziehungsweise ob nicht mit jeder neuen, auch posthumen, Ausgabe eigentlich ein neues Kunstwerk erschaffen wurde.

Muss man hier bewusst medial trennen zwischen den Sketchen als Teilen von in sich komponierten Fernsehsendungen mit Moderationen und den quasi zeitlos wirkenden »dramatischen Werken«, bei denen Zeitbezüge, Details verloren gehen und Vicco von Bülow als Loriot, das Multitalent, an Facettenreichtum verliert? Es bleibt der Wunsch nach einer historisch-kritischen Textausgabe, die genau diese Diskrepanz als Reichtum des immer wieder neu kombinierbaren Gesamtwerks auszeichnet und die somit sowohl die Verankerung in der Zeit, die realen Vorlagen, die intertextuellen Bezüge als auch die Zeitlosigkeit von Loriots Sketchwerken für die Nachwelt abbildet.

1 »Loriots Abrechnung mit deutscher Unterhaltungsliteratur«, in: »Neue Osnabrücker Zeitung«, 4.12.1997. — **2** Vgl. Senta Krasser: »Schluck für Schluck. Bilanz der Jahresrückblicke«, in: »Süddeutsche Zeitung«, 31.12.2003. — **3** Hans-Dieter Gelfert: »Max und Monty. Kleine Geschichte des deutschen und englischen Humors«, München 1998, S. 167. — **4** Vgl. hierzu die Generationenunterschiede in der letzten größeren statistischen Erhebung des Instituts für Demoskopie Allensbach zu Loriot: »Loriot zum 85. Fast alle kennen den Humoristen und die meisten sehen und hören ihn immer wieder gern«, Allensbach 2008. — **5** Loriot: »Die vollständige Fernseh-Edition«, Warner Home Video 2007. — **6** Die erste Fernsehsendung ist Folge 1 der Serie »Cartoon – Ein Streifzug durch den gezeichneten Humor mit Loriot«. Als Enddatum wird hier die Erstausstrahlung der Sendung »Report« angesetzt. In den Jahren danach entstanden vor allem die Geburtstagssendungen und Zusammenschnitte bereits bestehender Sketche unter dem Titel »Wiedersehen mit Loriot« mit acht Folgen und »Loriot« mit vierzehn Folgen. In einem weiteren Sinne müssten auch die Beiträge, die für die Geburtstagssendungen produziert wurden, mitberücksichtigt werden. Hierzu fehlen insgesamt Textausgaben. — **7** Vgl. zum Thema Parodie und Satire in Loriots Fernsehsketchen: Felix Christian Reuter: »Chaos, Komik, Kommunikation. Loriots Fernsehsketche«, Würzburg 2016. — **8** Loriot: »Der 7. Sinn«, in: Ders.: »Dramatische Werke«, hg. von Susanne von Bülow, erw. Ausgabe, Zürich 2016, S. 246. — **9** Marlies Menge: »Herr und Mops. Marlies Menge unterwegs mit Loriot«, in: »Die Zeit«, 8.4.1998. — **10** Loriot: »Die Steinlaus«, in: Ders.: »Dramatische Werke«, a.a.O., S. 284. — **11** Vgl. Artikel »Steinlaus (Petrophaga lorioti)«, in: Willibald Pschyrembel: »Klinisches Wörterbuch«, 267., aktualisierte Auflage, Berlin 2017, S. 1714f. — **12** Im Vorwort wird der fiktive Charakter der Steinlaus allerdings aufgelöst. Vgl. ebd., S. VI. — **13** Loriot: »Vertreterbesuch«, in: Ders.: »Dramatische Werke«, a.a.O., S. 93–99. — **14** Vgl. Stefan Neumann: »Loriot und die Hochkomik. Leben, Werk und Wirken Vicco von Bülows«, Trier 2011, S. 264. Für weitere Parallelen zwischen Loriot und Monty Python vgl. Cornelia Neumann: »Nonsense versus Tiefsinn. Ein interkultureller Vergleich der Fernsehsketche von Loriot und Monty Python«, Hamburg 2015. — **15** Hans Magnus Enzensberger: »Gedichte 1955–1970«, Frankfurt/M. 1971, S. 13. — **16** Peter von Matt: »Aufforderung zum Verdacht«, in: Marcel Reich-Ranicki (Hg.): »Hundert Gedichte des Jahrhunderts«, mit Interpretationen, ausgewählt von Marcel Reich-Ranicki, Frankfurt/M. 2000, S. 386. — **17** Loriot: »Literaturkritik«, in: Ders.: »Dramatische Werke«, a.a.O., S. 289. — **18** Loriot: »Satire im Fernsehen. Vortrag in der Evangelischen Akademie in Tutzing, 4. Juli 1979«, in: Ders.: »Sehr verehrte Damen und Herren ... Reden und Ähnliches«, hg. von Daniel Keel, Zürich 1993, S. 144f. — **19** Loriot: »Kaninchen«, in: Ders.: »Dramatische Werke«, a.a.O., S. 230. — **20** Loriot: »Gesammelte Prosa. Alle Dramen, Geschichten, Festreden, Liebesbriefe, Kochrezepte, der legendäre Opernführer und etwa zehn Gedichte«, Zürich 2006, S. 500. — **21** Loriot: »Loriot's Großer Ratgeber«, Zürich 1983, S. 118. — **22** Vgl. Loriot: »Loriot's Dramatische Werke«, Zürich 1981. — **23** Loriot: »Gesammelte Prosa«, a.a.O. — **24** Vgl. letzte Seite des Beiheftes in: Loriot: »Die vollständige Fernseh-Edition«, a.a.O. — **25** Vgl. Loriot: »Dramatische Werke«, a.a.O.

Claudia Hillebrandt

Von Schwänen und Fahrplänen

Loriots komische Oper

»Lohengrin hat sich kaum sehr beeilt, als ihn Elsa dringlich zu Hilfe rief. Nicht auf Adlersschwingen oder galoppierend zu Roß kommt er über die 2000 Kilometer, nein, stehend in einem Nachen, gezogen von einem Schwan. Beförderungsmittel dieser Art waren schon anfangs des 10. Jahrhunderts veraltet und ließen vermuten, der Reisende lebe daheim in ärmlichen Verhältnissen. (…) Eine halbe Stunde später erfährt man dann, er sei in Monsalvat zu Hause. Wem käme das nicht spanisch vor.«[1]

Adler, Roß und Schwan als »Beförderungsmittel«. Wem käme das nicht wie ein Bonmot von Loriot vor. Die Kurz- und Kürzesttexte zur Oper, die Loriot zu verschiedenen Anlässen verfasst hat, bilden sicherlich keinen kanonischen Seitenstrang seines Werks. Und doch zeigen sich in ihnen wie in einem Opern-, pardon Brennglas typische Muster und Verfahren Loriot'scher Komik. Allerdings – und das unterscheidet diese Texte vom Rest des Werks – wollen sie ihren Gegenstand nicht karikieren, sie wollen vielmehr für ihn werben. Loriots Operntexte offenbaren in ihrer zu mildem Mitlachen anregenden Komik seine Leidenschaft für diese Kunstform, vor allem für die Oper des 19. Jahrhunderts. Ihr Spott richtet sich, wie zu zeigen sein wird, nicht auf die Oper selbst, sondern auf ein Publikum, das den Schwan zum »Beförderungsmittel« degradiert, die künstlerische Exzeptionalität des Opernbesuchs also nicht angemessen wahrzunehmen vermag.

Prima la musica, poi le parole

In einem Interview zu seiner Inszenierung von Flotows »Martha« – jawohl! – hat Loriot einmal bekannt: »Besonders für den, der die Musik nicht liebt, ist Oper bestenfalls verballhorntes Theater. Es ist ja nicht zu leugnen, daß der *Faust* durch die Tatsache, daß er komponiert worden ist, nicht an Bedeutung gewonnen hat. Aber Opern bieten nun mal ganz außerordentliche Ausdrucksmöglichkeiten, die mit dem Wort allein nicht herzustellen sind. Oper hat die Chance, Wort und Musik zu addieren, um etwas Neues, anderes zu machen. (…) Außerdem entzieht sich die Oper der intellektuellen Beurteilung. Man liebt sie oder liebt sie nicht. Man findet sie unzeitgemäß oder ist ihr verfallen. Auch alles zusammen ist kaum ein Widerspruch.« (LKO 139 f.) Hier spricht offensichtlich nicht der distanziert-kühle Kommentator, als der Loriot sich oft präsentiert. Im Gegenteil wird mit Emphase eine Kunstform der intellektuellen Beurteilung und damit auch der distanziert-kühlen Komik des Verlachens geradezu entzogen, indem die »außerordentliche(n) Ausdrucksmöglichkeiten« hervorgehoben werden, die die Kombination aus Wort und Musik auf der Theaterbühne bietet. Sie bilden den Kern der bewundernden Haltung zur Kunstform Oper, die auch Loriots Operntexte kennzeichnen.

Auch Loriots Vorstellungen von Opernregie sind von dieser Haltung geleitet.[2] Der Musik wird dabei genau genommen sogar ein gewisser Vorrang vor dem Text eingeräumt. Die Ausdrucksmöglichkeiten des Gesangs auf die bestmögliche Weise zur Entfaltung zu bringen, war Loriots erklärtes Anliegen: »Beim modernen Regietheater liegt die Versuchung nahe, an die äußerste Grenze des Vertretbaren zu gehen, das einem Sänger zugemutet werden kann. Ich finde es schade, wenn wichtige Passagen zwar vom Standpunkt des Sprechtheaters mit großer Bühnenwirksamkeit inszeniert werden, aber durch ›unsängerische‹ Placierung der Akteure an musikalischem Gewicht verlieren. Wenn man das in Kauf nimmt, denke ich, wird da zu viel geopfert.« (LKO 141)

Dass sich Loriot der Oper auch als Humorist angenommen hat, mag angesichts dieser emphatischen Haltung auf den ersten Blick verwundern. Auf den zweiten Blick allerdings steht seine humoristische Auseinandersetzung mit der Kunstform Oper keineswegs im Widerspruch zu dieser Hochschätzung. Für Loriot ist die Oper ein überflüssiger Genuss, den es zu bewahren gilt – notfalls auch nur für einen kleinen Kreis von Bewunderern: »Die Oper trägt, wie verschiedene andere unnütze Dinge, dazu bei, das Leben weniger trostlos erscheinen zu lassen. Dabei kommt es gar nicht darauf an, daß jeder teil an ihr nimmt, sondern daß alle die Möglichkeit dazu haben.« (LKO 146)

Die Komik der Zusammenfassung

Zu verschiedenen Anlässen hat Loriot kurze Moderationstexte für Operngalas verfasst.[3] Diese nutzen den simplen Umstand, dass Zusammenfassungen von Opern meist schon in sich das Potenzial zur Komik bergen. Oftmals hält ja die Musik eine Handlung zusammen, die sonst völlig bizarr erscheinen würde, oder verleiht Figuren Glaubwürdigkeit, die ohne sie eher monströs oder in der psychologischen Zeichnung missglückt wirken würden.[4] Bei »Così fan tutte« hat Loriot so leichtes Spiel, wenn er konstatiert: »Man versteht die Äußerung des empörten Beethoven, ihm wäre zu dieser unpassenden Geschichte keine Note eingefallen. Aus heutiger Sicht sieht die Sache allerdings anders aus: Die Damen haben nur bewiesen, daß sie nichts gegen Ausländer haben.« (LKO 27) Auch der Herzog von Mantua aus »Rigoletto« mit seiner brachialen Gier nach Frauen ist ein leichtes Opfer: »Sie erreichen Mantua auf der A22 über Brixen, Bozen, Verona, wählen vor Mantua die nördliche Ausfahrt und halten sich in der Altstadt links. Dort finden Sie den Herzoglichen Palast. Der Herzog selbst paart sich mit jeder attraktiven Touristin.« (LKO 52) Und zum völlig unglaubhaften humanistischen Happy End in der »Entführung aus dem Serail« heißt es nur: »Es spräche vieles dafür, Nah-Ost-Konflikte auch heute durch das Absingen von Arien auszutragen.« (LKO 24)

Doch, wie die eben genannten Beispiele schon zu erkennen geben, gehen die Texte noch einen Schritt weiter: Sie transponieren die Opernhandlung zwar nicht in die bürgerlich-bundesrepublikanische Gegenwart, konfrontieren sie aber mit deren Vokabular und der zugrundeliegenden Wahrnehmungs- und Denkweise. Die Loriot'schen Zusammenfassungen entwickeln ihr komisches Potenzial so überwiegend aus einem spezifischen Kontrast, nämlich indem sie die als bekannt vorausgesetzte exorbitante Emotionalität, die »außerordentliche(n) Ausdrucksmöglichkeiten« der Oper in einem satirisch überspitzten, bürokratisch-technizistischen bundesrepublikanischen Deutsch sprachlich äußerst dürftig wiedergeben. So wird jede sich bietende Gelegenheit, einen Opernplot in eine Loriot'sche Eheszene zu überführen, lustvoll ausgekostet. Donizettis »Anna Bolena« oder Verdis »Macbeth« bieten dafür dankbares Material: »Meine sehr verehrten Damen und Herren, auch anläßlich eines Opernabends kann, nach einem Seitenblick auf Ihren Partner, die Überlegung Raum gewinnen, wie diesem sinnentleerten Lebensbund wirksam zu entkommen sei. Ohne Ihrer Phantasie vorgreifen zu wollen, verweise ich da auf den englischen Monarchen Heinrich VIII., der sein Eheproblem mehrfach auf rigorose Weise löste. (…) Dies nur als Anregung.« (LKO 17) An dieser Stelle ahnt man wohl bereits, wie es Verdis »Macbeth« ergehen wird: »Bekanntlich sind Frauen, was die abwägende Vernunft betrifft, dem Mann als solchem überlegen. In Verdis Oper *Macbeth* bemängelt Lady Macbeth die Karriere ihres Ehemanns und rät ihm, seine Konkurrenten kaltzumachen. (…) Es ist dieser angeborene Sinn für das Praktische, der die Frau auch auf ihrem Platz in Politik und Wirtschaft unentbehrlich macht.« (LKO 51) Mordlust wird heruntertemperiert auf den *ennui* einer im Scheitern begriffenen Ehe oder zur vernünftigen Karrierestrategie umdeklariert. Es lassen sich dazu unschwer Dialoge der jeweiligen Ehepartner ganz im Loriot'schen Stil imaginieren: »Geh doch mal etwas an die frische Luft.« – »Zum Henker mit dir.« Oder: »Ich bin mit meiner derzeitigen beruflichen Situation nicht ganz zufrieden.« – »Bring ihn um. Dann hast du was Eigenes.«

Mitunter gewinnen die Texte auch dadurch ihre Komik, dass sie die Künstlichkeit und die strengen Formtraditionen der Oper mit der pathetischen Handlung konfrontieren. Die fiktive Welt des musikalischen Spiels kollidiert dabei mit dessen ästhetischer Außenseite. Die Anmoderation der Blumenarie aus Bizets »Carmen« nutzt beispielsweise den Umstand, dass in der Oper die psychologische Glaubwürdigkeit der Musik oft im Kontrast zum Realismus der Handlung steht. Dabei wird zugleich in Form einer Metalepse den Protagonisten unterstellt, sie könnten ihr eigenes Tun auf einer Ebene außerhalb der Spielwelt reflektieren: »Don José ist bereit, an der Seite der Geliebten ein neues berufliches Risiko als ungelernter Schmuggler einzugehen. In dieser ungeeigneten Phase seines bürgerlichen Werdegangs nimmt er sich Zeit für das Absingen einer ohnehin schon ziemlich bekannten Opernarie.« (LKO 14)

Seltener wird auch die opernhafte Pose übersteigerter Leidenschaft ins Lächerliche gezogen wie etwa die veristische Manier des »Bajazzo«. Hier entsteht die Komik daraus, dass die fiktive Opernhandlung als realistischer dargestellt wird als die Dramen des wirklichen Lebens: »Ehetragödien ohne Gesang werden heute kaum noch ernst genommen. Wirklich erschütternde Auseinandersetzungen dieser Art bleiben der Opernbühne vorbehalten.« (LKO 23) Oder es wird der Kontrast zwischen einer eher banalen Handlung und einer diese adelnden Musik ausgespielt. So heißt es etwa zu einem der drei Nebenbuhler um die Heldin aus Verdis »Ernani«: »Als besonders verbissen erweist sich ein gewisser Don Ruy Gomez de Silva, Elviras Onkel. Das könnte einem angesichts der Probleme, die zur Zeit die Welt bewegen, ja ziemlich egal sein, wenn nur der Onkel nicht so schön sänge.« (LKO 49)

Die Komik dieser Texte ist allerdings nicht dazu angetan, ihren Gegenstand – die Oper – zu desavouieren. Vielmehr wird eine erkennbar als inadäquat gestaltete Perspektive auf die Oper ins Lächerliche gezogen. Wie im bekannten Sketch »An der Opernkasse« trifft die Satire auch in den Moderationstexten nicht die Oper selbst, sondern das Opernpublikum, das sie voraussetzen, das nämlich die Ausdrucksmöglichkeiten der Oper nicht angemessen zu rezipieren versteht.[5] Um beim Ernani-Beispiel zu bleiben, heißt es dort zu Beginn: »*Ernani* hat als Verdi-Oper mit sechs Buchstaben einen gewissen Bekanntheitsgrad bei Rätselfreunden.« Zu Saint-Saëns' »Samson und Dalila« wird einleitend gesagt: »Der Komponist entnahm den Inhalt für seine Oper dem Alten Testament … wie wir alle wissen: dem Buch der Richter, Kapitel 16, Vers 4 bis 30.« (LKO 44) Offenbar wird hier

Bildungsgut präsentiert, das für ein adäquates Verständnis dessen, was diese Kunstwerke im Kern ausmacht, völlig unerheblich ist, das aber das Selbstverständnis der gebildeten Zuschauer – »wie wir alle wissen« – prägt. Das implizierte Publikum der Moderationstexte – die Moderatorfigur übrigens eingeschlossen – erscheint so als eines, dessen Inkompetenz augenzwinkernd zur Schau gestellt wird.

Die Texte beziehen ihre Komik damit, um im Opernjargon zu bleiben, daraus, dass sie wirken, als habe ihr Autor konsequent alle Arien und auch die Accompagnatos rigoros herausgestrichen, nur die Secco-Rezitative stehen lassen, die Oper damit all ihres Reizes, all ihrer »außerordentliche(n) Ausdrucksmöglichkeiten« beraubt und sei darüber hinaus wie ein wahnwitziger Verfechter aktualisierender Theaterregie darauf versessen gewesen, die Handlung konsequent in der Bundesrepublik der 1970er und 1980er Jahre anzusiedeln. Dabei signalisieren sie aber – auch durch den Rahmen, in dem sie erstmals vorgetragen wurden – zugleich, mit welcher Lust sie ihren Gegenstand absichtlich verfehlen. Die Komik wirbt so vor allem für das, was sie vermeintlich verballhornt.

Wagner, Wagnerianer und Wagneriana

Ein ganz besonderes Verhältnis hat Loriot zu Richard Wagner. Oder jedenfalls präsentiert er sich, vorsichtiger formuliert, in der Öffentlichkeit als ein – tatsächlich, so etwas gibt es offenbar – selbstironischer Bewunderer von Wagners Opernkosmos. So sabotiert er das Anliegen des FAZ-Fragebogens nach einem Porträt des Befragten nur halb, wenn er auf alle Fragen stets eine Antwort gibt, die Richard Wagner einbezieht: »Welche Fehler entschuldigen sie am ehesten? Siegmunds und Sieglindes Bund. – Ihre liebsten Romanhelden? Wagner hat keinen Roman geschrieben.« (LKO 117) Auf die Frage, was ein Wagner*ianer* sei, entgegnet er zunächst humorvoll-ausweichend, indem er das Missverständnis vortäuscht, die Frage ziele auf Wagner*iana* ab, Andenken an Richard Wagner also. Sodann wird das eigentliche Ziel der Frage jedoch scheinbar bei den Hörnern gepackt: »Die Endung ›-ianer‹ kennzeichnet in der Regel bedingungslose Anhängerschaft in Verbindung mit einer gewissen Trotzhaltung gegenüber Andersdenkenden. Zum Beispiel Freudianer, Kantianer. Das ist jedoch nur bedingt richtig: Schon Persianer und Indianer sind auf diese Weise schwer zu definieren. Hier sind die Gründe dafür zu suchen, warum alle Deutungen des Begriffs so wenig befriedigen. Noch am interessantesten erscheint mir die Ansicht, für einen Wagnerianer gehörten der *Don Giovanni*, die *Matthäuspassion* und Beethovens späte Streichquartette auf das Feld der leichten Muse, obgleich ihm die *Götterdämmerung* kurzweiliger erscheint als eine

Nacht in Venedig.« (LKO 116) Eine bitterböse Abrechnung mit dem Meister vom grünen Hügel und seinen Anhängern sieht anders aus. Anklänge an die mit Wagners Wirkungsgeschichte eng verquickte Wagner-Kritik finden sich hingegen nur selten. So wird das deutschtümelnde Finale der »Meistersinger von Nürnberg« nur ganz leise schmunzelnd kommentiert: »In nur viereinhalb Opernstunden verhilft ein älterer Schuster der modernen Gesangskunst zum Durchbruch und verzichtet auf eine sympathische Blondine. Dies tut er, wenn ich das Finale richtig verstanden habe, für Deutschland.« (LKO 62)

Insgesamt trifft der Spott Wagners Werk kaum.[6] Vielmehr richtet dieser sich auch hier auf das Opernpublikum, vornehmlich das deutsche, dem Humorlosigkeit und Dogmatismus unterstellt wird: »Außerdem kennen wir seit Wagner die Forderung, daß mit der Oper auch ein Drama zu inszenieren sei. Und da darf man sich eben nicht nur auf die großen Stellen verlassen. Da verstehen wir keinen Spaß.« (LKO 144) Oder aber den Wagnerianern wird Borniertheit und Desinteresse angekreidet. Der Monolog in »Bayreuther Pausengespräch« gipfelt in der Frage: »Sind die Wanne-Eickeler Wagners nicht verwandt mit Rudolf Wagner, der sich hier in Bayreuth als Hals-Nasen-Ohren-Arzt einen Namen gemacht hat? Ich habe mich zwei Tage vor *Lohengrin* von ihm mal durchblasen lassen und hörte bereits im ersten Akt sechs ganz neue Leitmotive.« (LKO 113 f.) Wagner wird geschont, die Wagnerianer – oder doch eher die, die sich für Wagnerianer halten – müssen Federn lassen. Dieser Publikumsspott ist ähnlich gestaltet wie in all denjenigen Fernsehsketchen Loriots, die sich der Literatur oder der Instrumentalmusik widmen wie etwa »Flugessen« oder »Flötenkonzert«.[7] Die Oper, die Lyrik, die Musik sind nicht das Problem, ihr Publikum ist es.

Stretta mit Loriot avant la lettre

Über den mährischen Tenor Leo Slezak, dessen Laufbahn zur Jahrhundertwende um 1900 begann und der später eine zweite Karriere als Operetten- und Filmstar sowie als Protagonist zahlreicher Anekdoten erleben sollte, wird folgende Geschichte kolportiert: »Leo Slezak gastierte kürzlich in einem oberösterreichischen Theater als Lohengrin. Die Präzision der technischen Arbeiter war nicht gerade erhebend, und so geschah es, daß der Schwan davonzog, ehe Slezak ihn ritterlich bestiegen hatte. Der Tenor geriet nicht aus der Fassung, wandte sich nach der Kulisse und rief: ›Bitt schön, Sie da, wann geht der nächste Schwan?‹«[8]

Ein Schwan mit Fahrplan. Glücklicherweise verstarb Herr Slezak bereits 1946. Sonst wäre man wohl geneigt zu vermuten, er habe vom Herrn von Bülow abgekupfert.

1 Loriot: »Loriot's Kleiner Opernführer«, Zürich 2003, S. 61 (im Folgenden abgekürzt mit der Sigle »LKO«). Die Schwanenthematik wird auch im Sketch »Kulturspiegel Ludwig II.« verarbeitet. Vgl. Loriot: »Die vollständige Fernseh-Edition«, Warner Home Video 2007, Disc 2. — **2** Loriot hat zwei Opern auch selbst inszeniert, neben »Martha« von Flotow auch Webers »Freischütz«. Vgl. zu den Operninszenierungen ausführlicher Stefan Neumann: »Loriot und die Hochkomik. Leben, Werk und Wirken Vicco von Bülows«, Trier 2011, S. 322–330. — **3** Die Texte entstanden vorwiegend zwischen 1987 und 1992 für Benefiz-Konzerte im Nationaltheater München sowie zwischen 1996 und 2002 für die Operngala der Aids-Stiftung in der Deutschen Oper Berlin. Vgl. LKO 149. Zu weiteren musikalischen Aktivitäten Loriots wie etwa seinen Sprechaufnahmen zu »Peter und der Wolf« oder »Karneval der Tiere« vgl. Neumann: »Hochkomik«, a. a. O., S. 330–333. — **4** Vgl. hierzu Albert Gier: »Das Libretto. Theorie und Geschichte einer musikoliterarischen Gattung«, Darmstadt 1998, S. 3–14. — **5** In diesem Sketch gerät das eigentliche Ziel, Karten für Wagners »Siegfried« zu erwerben, schnell aus dem Blick. Der Kartenkauf gipfelt in der Feststellung »Wir lieben Opern mit Tieren …« und legt so offen, dass der Wunsch nach einem Opernbesuch lediglich einer sozialen Norm folgt, nicht echtem Interesse oder wirklicher Kennerschaft. Vgl. LKO 104–111 sowie Loriot: »Fernseh-Edition«, a. a. O., Disc 4. — **6** Für ein Konzert mit Auszügen aus dem »Ring des Nibelungen« hat Loriot einen ausführlicheren zusammenfassenden Text verfasst, der zwar natürlich gekonnt alles humoristische Potenzial nutzt, das Wagner ihm bietet, etwa den Ehezwist zwischen Wotan und Fricka, Siegmunds und Sieglindes Inzest oder Siegfrieds Schreck, als er unter Brünnhildes Brustpanzer das erste Mal einen weiblichen Busen erblickt. Die Komik tritt aber gegenüber dem Bemühen um Erklärung und Zusammenfassung in den Hintergrund. Dieser Text ist ganz klar advokatorisch gestaltet und möchte Wagners überdimensionales Musiktheater an interessierte Nicht-Wagnerianer vermitteln. Vgl. LKO 63–94 sowie Loriot: »Loriot erzählt Richard Wagners Ring des Nibelungen«, Deutsche Grammophon 1993. — **7** In »Flugessen« wird Rilkes »Laute« rezitiert, während die Fluggäste gleichzeitig ihr Essen zu sich nehmen und sich dabei in der beengten Kabine bekleckern, ohne an dieser unpassenden Vermengung von Kunstgenuss und dürftigem kulinarischen Genuss Anstoß zu nehmen. In »Flötenkonzert« führen einige nicht belegte Plätze in der ersten Reihe zu einer Nachrückkaskade, die den Beginn des Konzerts bis über das Ende des Sketches hinaus verschiebt oder sogar unmöglich macht. Vgl. Loriot: »Fernseh-Edition«, a. a. O., Disc 4 und 6. — **8** »Der Zwiebelfisch – Eine kleine Zeitschrift für Bücher und andere Dinge«, 1922, S. 34.

Ulla Fix

Was ist das »Loriot'sche« an Loriot?

Eine Betrachtung seiner »Ehe-Szenen« aus der Perspektive der kommunikativen Ethik

Wie kann man fassbar machen, was uns an Loriots Sketchen amüsiert, ja fasziniert? Die erste, spontane Antwort: Wir fühlen uns ertappt. Wobei? Beim eigenen Verwenden solcher sprachlich-kommunikativer »Tricks«, wie sie Loriots Figuren nutzen. Verallgemeinernd gesagt: Wir beobachten beim Lesen und Hören der Loriot'schen Szenen, wie die Gesprächspartner die von der Sprachgemeinschaft stillschweigend getroffenen Vereinbarungen für ein glückendes Miteinanderreden konsequent und variantenreich verletzen. Wir als Rezipienten merken, dass da etwas nicht stimmt, und erkennen unser Handeln in diesem ›Nichtstimmenden‹ wieder. Wir erleben diese Verletzungen – wie die Rezeption von Loriots Sketchen zeigt – in ihrer variantenreichen Übertreibung als komisch.

Die Loriot'schen Sketche geben Situationen wieder, in denen sich meist zwei Beteiligte, in unserem Text »Feierabend« Ehepartner, Rede und Antwort stehen. Der Effekt dieser Dialoge beruht zum einen darauf, dass keine gemeinsame, auf Kooperation beruhende Intention verfolgt wird und dass Maximen für glückendes Miteinanderreden verletzt werden. Er besteht zum anderen darin, dass das Fehlen von Kooperativität und die offenkundig scheinende Verletzung der Maximen nicht leicht durchschaubar sind. Das heißt, die Beteiligten, wären sie reale Personen und dächten sie über ihren Misserfolg nach, könnten wahrscheinlich nur schwer beschreiben, inwiefern und wie genau sie sich im Dialog verstrickt haben, woran der Dialog also gescheitert ist. Um diese Verstrickungen zu durchschauen, brauchte es Abstand und die Fähigkeit, über das eigene Handeln zu reflektieren. Und es bedürfte der Kenntnis von Kategorien und Handlungsanweisungen, die das sprachlich-kommunikative Miteinander regeln, deren Missachtung die Beteiligten aber auch aufdecken können sollten. Solche Kategorien und die Beschreibung solcher Regeln stellt die Sprach- und Kommunikationswissenschaft zur Verfügung.

Was ist gemeint mit den stillschweigend getroffenen Vereinbarungen für glückendes sprachliches Miteinanderumgehen, die in den Sketchen verletzt werden?

Mit diesem Ausdruck beziehe ich mich auf den von dem Sprachphilosophen H. Paul Grice (1975) eingeführten Terminus der ›Konversationsmaximen‹. Er dient der »Bezeichnung von als vernünftig akzeptierten Anforderungen an effektive Kommunikation, deren Verletzung Ursache für das Scheitern von Kommunikation sein kann«,[1] deren Einhaltung dagegen glückende Kommunikation ermöglicht. Grice führt vier solcher Maximen an. Ich nenne sie in Kurzfassung:

Sei informativ! (Quantitätsprinzip)
Sei wahrhaftig! (Qualitätsprinzip)
Sei relevant! (Relationsprinzip)
Sei klar! (Ausdrucksprinzip)

Diese Maximen werden aus dem alles übergreifenden Kooperationsprinzip abgeleitet, von dessen Wirksamkeit Grice ausgeht und das besagt, dass jeder Beteiligte seinen Redebeitrag jeweils so gestalten solle, »wie es von dem akzeptierten Zweck oder der akzeptierten Richtung des Gesprächs (talk exchange), an dem du teilnimmst, gerade verlangt wird«.[2] Nur unter der Bedingung, dass die Gesprächsteilnehmer diesem Prinzip folgen und kooperieren wollen, sind die Konversationsmaximen für sie verpflichtend.

Nun könnte man gegenüber dem Anspruch, wie er im Kooperationsprinzip und in den Maximen ausgedrückt ist, Zweifel anmelden, vor allem den, dass Maximen erfahrungsgemäß oft genug nicht eingehalten werden und man sich darauf nicht verlassen könne, dass die Existenz von Maximen etwas zu gelingender Kommunikation beiträgt. Das Gegenargument: Wir kommen ohne Maximen nicht aus, weil wir nicht ohne Regelungen handeln können. Selbst wenn diese nicht befolgt werden, geschieht das doch immer vor dem Hintergrund ihrer Existenz. So besitzen das Kooperationsprinzip und die ihm untergeordneten Maximen doch Gültigkeit. Schon von daher hat ihre Beachtung Sinn. Es geht mir außerdem aber auch darum, den Blick auf die Arten der Verletzung von Maximen zu richten, um zu zeigen, welche sprachlichen Ablenkungs-, Täuschungs- und Manipulationsbestrebungen es gibt und wie sie in Gesprächen wirken können. Genau das zeigt Loriot.

Der Linguist Hans Jürgen Heringer stellt fest, dass das Kooperationsprinzip tatsächlich Gültigkeit hat. Sprechen sei, solange man verstanden werden will, immer ein kooperativer Vorgang. Er sagt: »Diese grundlegende Kooperation bildet den äußersten Rahmen jeder Kommunikation. Erst innerhalb dieses Rahmens ist kommunikative Kompetition möglich. Ich kann mich gut nur mit jemandem streiten oder auseinandersetzen, der mich auch versteht (…). Kommunikation ist ein Zusammenspiel kooperativer und kompetitiver Zielsetzungen. Aber die äußere Grenze ist Kooperation, sie besteht in gemeinsamen Konventionen und gemeinsamem Wissen.«[3] Weiter gedacht heißt das: Wir verletzen Maximen immer vor dem Hintergrund unseres Wissens, dass es sie gibt und dass man sie einhalten sollte. Im Grunde glauben wir an ihre allgemeine Gültigkeit und lassen uns nur sehr ungern bei einer Maximenverletzung ertappen. Wird eine solche, zum Beispiel die der Maxime »Sei wahrhaftig!«, bekannt, dann verlangt die öffentliche Meinung, dass diese Verletzung sanktioniert wird.[4] Denken wir an die Versicherung des ehemaligen Verteidigungsministers Karl-Theodor zu Guttenberg, seine Dissertation sei »über etwa sieben Jahre neben (s)einer Berufs- und Abgeordnetentätigkeit als junger Familienvater in mühevollster Kleinarbeit entstanden«. Sie enthalte fraglos Fehler, es sei allerdings »zu keinem Zeitpunkt bewusst getäuscht oder bewusst die Urheberschaft nicht kenntlich gemacht worden«.[5] Die Reaktionen auf diese Aussage hatten den Rücktritt Guttenbergs von seinem Amt zur Folge.

Zu diesen Überlegungen gehören Gedankengänge der kommunikativen Ethik, wie wir sie von Jürgen Habermas[6] und Karl-Otto Apel[7] kennen, und Überlegungen zum Verstehen, wie Hans-Georg Gadamer[8] sie geäußert hat. Sie alle scheinen mir nicht so unrealistisch, wie oft behauptet wird. Man denke an die Feststellung Gadamers, dass Verstehen erst dann möglich ist und erst dann überhaupt beginnt, wenn der Gesprächspartner versucht, sich auf den Standpunkt des anderen zu stellen. Er nennt das »Offenheit für die Meinung des anderen«.[9] Indem wir uns auf ein Miteinandersprechen einlassen, wollen wir verstanden werden und gehen – mehr oder weniger – auf die jeweiligen Bedingungen ein. Grice will nun zwar keinen ethischen Anspruch verfolgen, sondern lediglich eine Erklärungsmöglichkeit dafür liefern, dass Sprecher nur unter bestimmten Bedingungen Verständigung erreichen können. De facto kann man aber von einer Nähe zu kommunikationsethischen Auffassungen sprechen, zumindest was die Vorstellung von vernünftigem Handeln als Handeln nach Grundsätzen betrifft.

Zunächst werden die Grice'schen Maximen noch einmal in einer ausführlicheren, von Peter von Polenz übersetzten Fassung[10] angeführt, um sie dann auf Loriots Eheszenen zu beziehen.

Quantitätsprinzipien:

- Mache deinen Gesprächsbeitrag so informativ wie es (für die jeweiligen Zwecke des Redewechsels) erforderlich ist!
- Mache deinen Beitrag nicht informativer als erforderlich!

Qualitätsprinzipien:

- Versuche deinen Beitrag wahrheitsgemäß zu machen!
- Sage nichts, wovon du glaubst, es sei unwahr!
- Sage nichts, wofür du keinen angemessenen Nachweis hast!

Relevanzprinzip:

- Bleib beim Wesentlichen!

Ausdrucksprinzipien:

- Rede klar und deutlich!
- Vermeide verhüllende Ausdrucksweisen!
- Vermeide Mehrdeutigkeit!

- Fasse dich kurz!
- Rede wohlgeordnet, planvoll, konsequent!

Polenz hat die Grice'schen Maximen nicht nur neu übersetzt, er hat sie auch, in dessen Sinne, ergänzt, indem er folgerichtig, da es um Gespräche geht, partnerbezogene Prinzipien vorschlägt:

(1) Mache es deinem Partner möglich, dein Gemeintes so genau wie möglich und ohne Zeitdruck zu verstehen!
(2) Lass deinen Partner ausreden!
(3) Gib ihm alle Redechancen, die du dir selbst leistest/gönnst/die jedem zustehen!
(4) Versuche, ihn so genau wie möglich zu verstehen (notfalls mit Rückfragen), ehe du reagierst!
(5) Nimm Rücksicht auf die soziale Selbsteinschätzung deines Partners! (Unversehrtheit des Partner-Image)

Zum partnerbezogenen Redeverhalten gehören für Polenz also ebenso das Bemühen des Redenden um Verständlichkeit wie der Wille des Angesprochenen, den anderen wirklich zu verstehen. Beides gelingt nur, wenn die Beteiligten sich gegenseitig Respekt erweisen, wenn sie – in aktueller Terminologie gesagt – emotionale Intelligenz einsetzen und sich um Empathie bemühen. Man könnte also eine sechste partnerbezogene Maxime ergänzen:

(6) Gib dem anderen zu verstehen, dass er dir wichtig ist, dass du dich auf ihn einstellst.

Diese Maxime führt zu der Frage, welche Rolle Einfühlung und Höflichkeit im Zusammenhang kooperativer Kommunikation spielen. Die Berechtigung einer Höflichkeitsmaxime wird oft angezweifelt, weil kooperative Kommunikation als rationales Handeln von Höflichkeit oder Unhöflichkeit unbeeinflusst bleibe. Dagegen stehen aber kulturelle Erfahrung und Wissen über den sozialen bzw. pragmatischen Aspekt der Kommunikation.

Analyse von Ausschnitten aus dem Sketch »Feierabend«[11]

Es soll nun untersucht werden, ob und wie in dieser Rede-Antwort-Folge Maximen eingehalten beziehungsweise hintergangen werden, wie es also zum Aneinandervorbeireden kommt und welche Folgen dies für kooperative Kommunikation hat. Das mindeste, was man von gelingender Kommunikation erwarten können muss, ist nach Schlieben-Lange,[12] dass die Identitäten der Beteiligten unbeschadet aus dem Gespräch hervorgehen, dass man sich also gegenseitig schont. Das Erstrebenswerteste jedoch ist der Konsens. Wie steht es damit in unserem Text?

Zunächst scheint die Kommunikation zu gelingen. Die Beteiligten reden miteinander, sie verweigern keine Antwort und folgen so scheinbar dem Kooperationsprinzip. Dieses wird ja in der Regel schon durch die Tatsache erfüllt, dass überhaupt gesprochen wird; denn dass man miteinander spricht, ist nichts, was sich von selbst versteht. Wer spricht, will normalerweise kooperieren, das heißt einen gemeinsamen Zweck verfolgen. Hier ist dies aber nicht der Fall. Die Gesprächsbeiträge des Paars folgen keinem von beiden Partnern gewünschten Zweck – einem Zweck, der zum Beispiel darin bestehen könnte, ein gemeinsames Problem zu lösen. Hätte ER gesagt, »ich langweile mich«, so dienten alle die Vorschläge, die SIE macht, um ihn – in ihren Augen sinnvoll – zu beschäftigen, der Kooperation. Da ER aber ausdrücklich keine Vorschläge wünscht, sondern mit seiner Situation zufrieden ist, unterscheiden sich die Intentionen. Ebenso unterscheiden sich die Maximen, die von den beiden befolgt werden. Die jeweils befolgten Maximen aufzudecken, bildet den Schlüssel zum Verständnis des Textes.

Der Sketch lässt sich in mehrere Teile gliedern:

Erster Teil

Sie: Hermann …
Er: Ja …
Sie: Was machst du da?
Er: Nichts …
Sie: Nichts? Wieso nichts?
Er: Ich mache nichts …
Sie: Gar nichts?
Er: Nein …
(Pause)
Sie: Überhaupt nichts?
Er: Nein … Ich *sitze* hier.
Sie: Du *sitzt* da?
Er: Ja …
Sie: Aber irgendwas *machst* du doch?
Er: Nein …
(Pause)

Dieser Teil beginnt mit Signalen. SIE redet ihn an: »Hermann …« ER antwortet: »Ja …« So minimal dieser Wortwechsel ist, so eindeutig ist er einer der üblichen Schritte für eine Kontaktaufnahme: Anrede und Bestätigung der Anrede. Mit letzterer scheint die Bereitschaft zur Kooperation ausgedrückt zu sein. Im Folgenden beobachten wir bei der Ehefrau aber das stetige, insistierende und sich steigernde Wiederholen einer zunächst nur als Informationsfrage zu verstehenden Äußerung: »Was machst du da?« Eine Frage, die mit der ersten Erwiderung längst beantwortet ist. SIE wiederholt die Frage »Was machst du da?« aber sinngemäß immer wieder, indem SIE auf die Antworten des Ehemanns insistierend zurückfragt: »Nichts? ... Wieso nichts? ... Gar nichts? ... Überhaupt nichts?« Dabei verstärkt SIE den impliziten Ausdruck einer unterschwelligen Kritik, die wohl schon in der ersten Frage gelegen haben mag, die wir aber erst durch die insistierenden Wiederholungen bemerken können. Der kritische Impetus wird vor allem dadurch bemerkbar, dass die Ehefrau in ihren Rückfragen das Wort »nichts« steigert, indem sie die negationsverstärkenden Partikeln »gar« und »überhaupt« einsetzt. Die Sprecherin macht auf diese Weise die Information »Ich mache nichts« noch angreifbarer und deutet den Appell »Tu doch etwas!« schon an. Mit ihren Fragewiederholungen verletzt SIE die Grice'sche Maxime der Quantität: »Mache deinen Redebeitrag nicht informativer, als es für den Zweck der Rede nötig ist.« Und SIE gibt dem Partner nicht zu verstehen, dass SIE ihn als Person respektiert. Damit verletzt SIE die Polenz'sche Maxime: »Wahre die Unversehrtheit des Partner-Image« sowie die von mir hinzugefügte partnerbezogene Maxime: »Gib dem anderen zu verstehen, dass er dir wichtig ist, dass du dich auf ihn einstellst.« Unter diesen Umständen kann die Identität des Ehemanns nicht unbeschädigt aus dem Gespräch hervorgehen.

Der Ehemann antwortet in der knappsten Form und verletzt durch diese Minimalisierung auf entgegengesetzte Weise das Quantitätsprinzip; jedenfalls dann, wenn man die Polenz'sche Forderung nach der Unversehrtheit des Partner-Image und die von mir ergänzte nach der Notwendigkeit, den anderen zu respektieren, hinzunimmt. Die Antworten in diesem Teil lauten: »Nichts ... Ich mache nichts ... Nein ... Nein ... Ich sitze hier ... Ja ... Nein ... Nichts Besonderes ... Nein ... nein.«

ER antwortet also monoton, mit äußerst knappen, reduzierten Erwiderungen. In keiner Weise gibt ER ein Signal für Zuwendung oder Eingehen auf SIE, wie es zum Beispiel der Satz sein könnte: »Du weißt doch, dass ich abends immer gern im Sessel sitze und mich entspanne.« ER verzichtet auf jede über die reine Information »ich will nicht« hinausgehende Bemerkung. Beziehungsgestaltung liegt nicht in seiner Absicht. Auch ihre Identität bleibt so nicht unbeschädigt.

Ein Fazit des ersten Teils könnte lauten: SIE will sein Handeln lenken, ja SIE will ihn in gewissem Sinne erziehen. ER fühlt sich dadurch bedrängt und will sich dem entziehen. So antwortet ER nur das Nötigste. Partnerbezogene Maximen werden von beiden verletzt. Aber der Schein von Kooperativität bleibt gewahrt, da sie ja immerhin miteinander reden.

Im folgenden Teil geht es ebenfalls um diesen Zwiespalt: Hier wird endgültig klar, dass die vermeintliche Kooperation nicht gegeben ist, dass kein gemeinsames Ziel verfolgt wird, sondern dass es um die Umsetzung zweier verschiedener, sogar entgegengesetzter Intentionen und dabei um die Verletzung von Maximen geht. Dabei ändert SIE ihr Vorgehen, indem sie es um praktische Vorschläge erweitert und sich nicht strikt an die Qualitätsmaxime »Sei wahrhaftig!« hält.

Zweiter Teil

Sie: Aber irgendwas *machst* du doch?
(Pause)
Er: Nein …
Sie: *Denkst* du irgendwas?
Er: Nichts Besonderes …
Sie: Es könnte ja nichts schaden, wenn du mal etwas spazierengingest …
Er: Nein – nein …
Sie: Ich bringe dir deinen Mantel …
Er: Nein danke …
Sie: Aber es ist zu kalt ohne Mantel …
Er: Ich gehe ja nicht spazieren …
Sie: Aber eben wolltest du doch noch …
Er: Nein, *du* wolltest, dass ich spazierengehe …
Sie: Ich? *Mir* ist es doch völlig egal, ob *du* spazierengehst …
Er: Gut …
Sie Ich meine nur, es könnte dir nicht schaden, wenn du mal spazierengehen würdest …
Er: Nein, *schaden* könnte es nicht …
Sie: Also was willst du denn nun?
Er: Ich möchte hier sitzen …
Sie: Du kannst einen ja wahnsinnig machen …
Er: Ach …
Sie: Erst willst du spazierengehen … dann wieder nicht … dann soll ich deinen Mantel holen … dann wieder nicht … was denn nun?

Dieser Teil knüpft daran an, dass SIE auf seine Feststellung, dass ER nichts mache, sagt: »Aber irgendwas machst du doch?«, worauf ER entgegnet: »Nein …« Mit der Frage »Denkst du etwas?« beginnt nun ihre Serie praktischer appellhafter Vorschläge zum Handeln: »Es könnte ja nichts schaden, wenn du mal etwas spazierengingest …; Jetzt hättest du doch mal Zeit, irgendwas zu tun, was dir Spaß macht …; Dann lies doch mal was …«.

Ihren – ohne Bedürfnis von seiner Seite geäußerten – Hinweis, dass ER doch spazieren gehen könne, beantwortet ER mit einem »Nein, nein ...« also wieder monoton, ohne freundlichen oder erklärenden Zusatz und in der Doppelung sehr nachdrücklich.

Nun ändert sich etwas an ihrer Strategie: Der folgende Satz »Ich bringe dir deinen Mantel ...« stellt etwas Handlungspraktisches in Aussicht, dem ER sich, ist es einmal vollzogen, das heißt hält SIE ihm tatsächlich den Mantel hin, nur schwer entziehen kann. Ihr Appell wird auf diese Weise deutlich stärker. Seine Antwort ist wieder »Nein ...«, diesmal aber mit dem Höflichkeitswort »danke« verbunden: »Nein ... danke ...« Das heißt, ER verknüpft die Handlung des Ablehnens mit der – freilich formelhaften und minimalen – Einhaltung der Höflichkeitsmaxime »Gib dem anderen zu verstehen, dass er dir wichtig ist.«

SIE äußert darauf – zum ersten Mal – ein Argument, das auf einer falschen Voraussetzung beruht: »Aber es ist zu kalt ohne Mantel ...« Damit scheint SIE davon auszugehen, dass ihr Vorschlag, den ER bereits abgelehnt hat, doch akzeptiert wird. Täuscht SIE das vor oder glaubt SIE wirklich, dass ER den Vorschlag befolgen will? Das bleibt unklar.

Seine Antwort »Ich gehe ja nicht spazieren« verlässt sich auf die Kraft des Arguments. Ihre Replik beruht wieder auf einer gewollt (?) falschen Annahme, die das Argument umdreht: »Aber eben wolltest du doch noch ...« Wieder erfolgt ein Versuch der Richtigstellung durch ein Argument von ihm: »Nein, *du* wolltest, dass ich spazierengehe ...« SIE antwortet, sich selbst nach allem Bisherigen widersprechend, »Ich? *Mir* ist es doch völlig egal, *ob du spazierengehst* ...« Diese Äußerung ist widersprüchlich, nicht wahrhaftig und nicht partnerbezogen. Nach weiterem ähnlichen Rede-Antwort-Wechsel mündet dieser Teil in ihrem Ausruf: »Du kannst einen ja wahnsinnig machen ...« und etwas später: »Erst willst du spazierengehen ... dann wieder nicht ... dann soll ich deinen Mantel holen ... dann wieder nicht ... was denn nun?«

Es folgt dann ein ähnlicher Austausch zu den Themen Sitzen und Zeitung lesen, auf den ich aus Platzgründen nicht eingehen kann. Das Ganze schließt mit dem Wortwechsel, der die Eskalation der Situation zeigt:

Sie: Sei doch nicht gleich so aggressiv!
Er: Ich bin doch nicht aggressiv ...
Sie: Warum schreist du mich dann so an?
Er: *(schreit)...* Ich schreie dich nicht an!!

Fazit des zweiten Teils: SIE verfolgt weiter eine handlungspraktische, gleichsam erzieherische Intention. ER soll etwas in ihrem Sinne »Vernünftiges« tun: die Illustrierte lesen, spazieren gehen. Ihre Äußerungen sind eine Kette von indirekten oder direkten Appellen. SIE insistiert, gibt immer neue – unerwünschte – Impulse, hört ihm nicht zu oder nimmt nicht für voll, was ER sagt, und dreht seine Aussagen um. Ihre Maximenverletzung besteht wieder im Übermaß, also in der Verletzung der Quantitätsmaxime. Außerdem vernachlässigt SIE die empfängerbezogene Maxime »Gehe auf die Gedankengänge und Argumente des anderen ein. Weiche ihnen nicht aus!«

ER will sowohl das Praktisch-Vernünftige als auch das Metapraktische vermeiden. Das heißt, ER weist nicht nur ihre Vorschläge zurück, ER will über diese nicht einmal reden. Das zeigen seine anfänglich minimalen Antworten. Obwohl ER das Gespräch nicht wünscht, lässt ER sich doch darauf ein und versucht es im weiteren Verlauf mit Argumenten, mit denen ER ihr gegenüber jedoch scheitert. Bis zum letzten Wortwechsel gelingt es ihm zwar, ruhig zu bleiben, dann aber fühlt ER sich so ins Unrecht gesetzt, dass ER explodiert. Zusammenfassend kann man sagen, dass es sich im gesamten Sketch um ein Spiel von Erziehen und Sich-Entziehen handelt, das glücklos endet.

Zurück zur Anfangsfrage: Was ist das Loriot'sche an diesem Text wie an allen Sketchen Loriots? Er hält unserem Gesprächsverhalten auf komische, überzogene, ja groteske, niemals pädagogisierende Weise den Spiegel vor und zeigt uns das Absurde daran.

1 Hadumod Bußmann: »Lexikon der Sprachwissenschaft«, Stuttgart 2002, S. 379. — **2** H. Paul Grice: »Logik und Konversation«, in: Georg Meggle (Hg.): »Handlung, Kommunikation, Bedeutung«, Frankfurt/M. 1975, S. 248. — **3** Hans Jürgen Heringer: »›Ich gebe Ihnen mein Ehrenwort‹. Politik, Sprache, Moral«, München 1990, S. 87. — **4** Gegenwärtig scheint die Maxime allerdings ›aufgeweicht‹ zu werden durch die Installation des Phänomens Fake News: »in manipulativer Absicht verbreitete Falschmeldungen«: https://www.duden.de/rechtschreibung/ Fake_News (15.1.2021). — **5** https://www.welt.de/politik/deutschland/article12584431/Guttenbergs-Erklaerung-im-Wortlaut.html (15.1.2021). — **6** Jürgen Habermas: »Vorstudien und Ergänzungen zur Theorie des kommunikativen Handelns«, Frankfurt/M. 1984, S. 104–126. — **7** Karl-Otto Apel: »Die Konflikte unserer Zeit und das Erfordernis einer ethisch-politischen Grundorientierung«, in: Ders.: »Diskurs und Verantwortung«, Frankfurt/M. 1988, S. 15–41. — **8** Hans-Georg Gadamer: »Vom Zirkel des Verstehens«, in: »Hermeneutik II. Wahrheit und Methode«, Tübingen 1986, S. 57–65. — **9** Ebd., S. 60. — **10** Peter von Polenz: »Deutsche Satzsemantik. Grundbegriffe des Zwischen-den-Zeilen-Lesens«, Berlin, New York 1985, S. 311. — **11** Loriot: »Szenen einer Ehe in Wort und Bild von Loriot«, Zürich 1986, S. 29–32. — **12** Brigitte Schlieben-Lange: »Vom Glück der Konversation«, in: »LiLi« 50 (1983), S. 154.

Anna Bers

Von Räumen, Träumen und Türen

Aspekte räumlicher Semantik in Loriots Spielfilmen

»Irren Sie sich eigentlich häufiger mal in der Tür? ... Oder könnte es sein, dass Sie die richtige Tür gar nicht finden wollen?«[1] (Ö 00:59:58), fragt Margarethe Tietze, Diplompsychologin und auf dem besten Wege sich in Paul Winkelmann, Möbelhändler, zu verlieben, ihr Gegenüber. Im Anschluss an diese suggestive Bindungs-Metapher, führt sie ihren Gedanken weiter aus: »Wenn man durch die Öffnung des anderen den Weg finden will ... aus der eigenen Mitte in die Mitte des anderen ... zur Verwirklichung des Ich ... des ganzheitlichen Ich ... auf dem Wege der Selbstfindung durch die Tür zum Du ... also vom eigenen Ich zum Du des anderen ... (...) zum anderen Du kommt ... oder ... finden ... äh ... finden will ... das ist dann die Tür ... die offene Tür ... die richtige Türöffnung.« Frau Tietze verheddert sich (bis Ö 01:00:39) zunehmend in ihrer zur Allegorie angewachsenen Metapher und ihr Gegenüber fasst scheinbar pointiert, in Wirklichkeit jedoch ebenso diffus zusammen: »Ich weiß, was sie meinen ... ein Blatt hängt neben dem anderen ... wie Sie und ich ... so klein und grün ... eins fällt vom Baum wie ein Fisch ... oder wie ein Vogel ... der an unsere Tür klopft ... Wunderbar ist das alles ...« (Ö 01:00:53)

Dieser kleine Dialog aus dem Film »Ödipussi« von 1988 kann als Folie für räumliche Strategien der Bedeutungskonstitution dienen, die Loriot in dieser Filmkomödie und ihrer Schwester »Pappa ante Portas« (1991)[2] benutzt und die im Folgenden diskutiert werden sollen. Wie in diesem Dialog lassen sich viele Charakteristika des kleinen, aber beim Publikum überaus erfolgreichen Loriot'schen Spielfilmwerks[3] nämlich anhand von Räumen (»aus der eigenen Mitte«), Grenzen (»die richtige Türöffnung«) und räumlichen Bewegungen (»auf dem Wege«) nachvollziehen: Frau Tietze wählt ein mehrteiliges Raumbild, um ihren für sie selbst verwirrenden Fragen und Gefühlen Ausdruck zu verleihen, und auch die botanische Metapher von Herrn Winkelmann enthält räumliche Vorstellungen – »neben dem anderen« (Raumordnung), »vom Baum [herunter]« (Dynamik) und »an unsere Tür« (Grenzen). Anders als diejenigen seiner beiden Protagonisten sind Loriots räumliche Semantiken, also bedeutungstragende Raumkonstruktionen, aber keineswegs diffus oder zufällig. Sie zu examinieren, gewährt Einblicke in die so oft bemerkte Kunst Loriots, kein Detail dem Zufall zu überlassen und somit Bedeutung in alle filmischen Codes zu legen. Während der unbeholfene Herr Winkelmann, aber auch die vermeintliche Fachfrau, Dr. Tietze, nämlich kein Gefühl dafür oder keinen bewussten Zugang dazu haben, dass ihre sich verselbständigenden Bilder zum Beispiel auch eine erotische Lesart anbieten, dürfte Loriot diese Pointe kalkuliert haben.

Filmgeschwister als Summe des Werks

Zuvor seien jedoch noch einige verbindende Eigenschaften der beiden Filme in Erinnerung gerufen: »Ödipussi« und »Pappa ante Portas« sind einander insofern geschwisterlich ähnlich, als sie strukturell und inhaltlich verwandt sind.[4] Beide Filme ziehen zudem als recht späte Produktionen im Werk Loriots gleichsam eine auserzählte Summe seiner deutlich früher erschienenen Sketche.[5] Die Komödien stellen ein Liebespaar in fortgeschrittenem Alter in den Vordergrund, das im Verlauf der Handlung erst zueinander finden muss. Beide Filme sind in typisch Loriot'scher Manier ein Spiegel bürgerlicher Normen, die aufgerufen und überspitzt, zum Schluss aber nicht fundamental, sondern nur milde parodistisch vorgeführt werden.[6] In »Ödipussi«, dem älteren Film, müssen die spröden Liebenden einander trotz innerer und äußerer Widrigkeiten kennenlernen, darin besteht gewissermaßen schon das ganze Hindernis, das den Antrieb der klassischen romantischen Komödienhandlung bietet. In »Pappa ante Portas« muss ein gesetztes Ehepaar mit einem überraschend eintretenden Tatbestand – der Rente des Heinrich Lohse – umzugehen lernen. Dieser Komödientypus evoziert das Muster des romantischen Wiederfindens von fälschlicherweise Getrennten. Die schematischen Plots entwickeln sich nun entlang einer Kette von einander überbietenden Episoden der Annäherung (»Ödipussi«) und Entfremdung (»Pappa ante Portas«), die zum Teil nicht notwendig oder handlungstragend sind und in ihrer Abgeschlossenheit den Charakter der früheren Sketche deutlich in Erinnerung rufen. Diesen Eindruck verstärken zudem zahlreiche Doppelrollen: Loriot und Evelyn Hamann spielen in »Ödipussi« nicht nur die verklemmten Liebenden, sondern spiegeln und kontrastieren diese Konstellation durch die frivolen Hasch-Mich-Spielenden im Hotel (Ö 00:57:42). In »Pappa ante Portas« taucht Loriot (zusammen mit Katharina Brauren a. k. a. Mutter Winkelmann) auch als Geige spielender Obdachloser (PaP 00:07:47) sowie als Dichter »Lothar Frohlein! (…) Äh … Frohwein« (PaP 00:36:46) auf, und sogar Opa Hoppenstedt nimmt am finalen Festgelage der erweiterten Familie teil (vgl. PaP 01:15:12).[7] Eine Verbindung zwischen den beiden Filmen stiften nicht nur die identische Besetzung der Hauptrollen und die Tatsache, dass der alternde Liebende in dem einen Film nicht zufällig

»Heinrich« (Lohse, statt Faust) und die zu gewinnende Liebende im anderen »Margarethe« heißt, sondern auch die Frisur der Protagonistin, die in beiden Filmen gleichzeitig von einer männlichen Nebenfigur zur Schau getragen wird und für komische Wiedererkennungsmomente sorgt (vgl. Ö 00:37:35 und PaP 00:44:23).

Wie schon an dieser kurzen und unvollständigen Liste von Verweisen und Parallelen innerhalb des schmalen Spielfilmwerks deutlich geworden sein dürfte, besteht ein besonderer ästhetischer Genuss der Filmrezeption in der Identifikation bekannter Muster, Bildformeln und Zitate. Die beiden Filme, aber auch Loriots Schaffen insgesamt, bedienen sich dieses basalen intertextuellen Mechanismus mit meist komischen Folgen allerorten. Insbesondere der klassische Bildungskanon ist ein Fundus für Referenzen und Strukturvorgaben, wie schon die Filmtitel zweifelsfrei zeigen. Parallel zu diesen konstitutiven Referenzen innerhalb des Werkes und über dieses hinaus besitzen beide Filme jedoch auch einen inneren semantischen Kosmos. Um diesen soll es im Folgenden gehen. Dabei liegt hier der Fokus bei den Raumordnungen und ihren sozialen Implikationen. Während nämlich – zu Recht – die Bauweise von Loriots Figuren,[8] Normen,[9] Dingen[10] und seiner Sprache[11] als Elemente *in* der Handlung bereits Gegenstand von wissenschaftlichen Untersuchungen geworden sind, ist es ihre räumliche Umgebung, das vermeintlich simple, konventionelle und realistische Setting nicht.

»aus der eigenen Mitte in die Mitte des anderen« – Räume

Reale Räume sind das Resultat sozialer Aushandlungen und zugleich bestimmen Räume die Möglichkeiten des Sozialen.[12] Auch in Kunstwerken offenbaren sich Raumordnungen als Resultate und Grenzen der Figurenhandlungen zugleich. Zusätzlich sind künstlerisch gemachte Räume aber auch das Ergebnis von schöpferischen Setzungen. Loriots einander in ihrer bürgerlichen Fassade (im Wortsinn) ähnliche Filmräume wirken aus dieser raumsoziologischen Perspektive auf den ersten Blick genau wie das Filmset, das in der Handlung von »Pappa ante Portas« zur Nahkampfarena wird: das Haus der Familie Lohse, das Heinrichs umtriebiger Freund Kurt an die TV-Produktion »Die Familie Schnakenburg« vermittelt, um durch diese Initiative Renate Lohse zu beeindrucken und den Familienfrieden wiederherzustellen. (Dass dieser Minnedienst zum Schluss gründlich misslingt, sei dahingestellt.) Kurt preist Heinrich seine fatale Idee mit folgenden Worten an:

> »Kurt: Die Familie Schnakenburg ... das sehen jede Woche 20 Millionen ... Die drehen jetzt das Finale, und dafür suchen sie noch 'ne Villa ... eine wie deine.

Pappa: Na und?
Kurt: Mensch, dann sieht dich Renate in der Glotze!
Pappa: Mich?!
Kurt: Na ja, dein Haus ... und dich kriegen wir da auch schon irgendwie unter ... Ich kenn die doch alle von der Produktion! ... Dann bist du im Fernsehen und Renate fällt glatt hinten über!« (PaP 00:54:04)

Das Filmset eines TV-Familienstücks, so Kurts Idee, kann also ein beliebiges bürgerliches Domizil sein. Das liegt daran, dass der Charakter der Serie (so sei anhand der später in Lohses Haus gedrehten Szenen begründet vermutet) vor allem rasante Figurenhandlungen vor einigermaßen passendem Hintergrund einfordert. Die *mise en abyme*, die die Schnakenburgs als Spiegelung der Lohses und die dargestellte Filmproduktion gegenüber der Filmkunst Loriots bildet, fördert jedoch mehr Unterschiede zwischen der Semiose in Loriots Filmräumen und denjenigen der Schnakenburgs zutage als Gemeinsamkeiten:[13] Zweifellos leben auch Vicco von Bülows Filme von der Atmosphäre gepflegter Stadtvillen, jedoch werden diese keineswegs willkürlich als austauschbare Szenerie eingesetzt und mit schnellen und dramatischen Handlungen gefüllt. Die Plots nutzen, wie bereits angedeutet, simple und wenig überraschende Liebeskomödienmuster.[14] Die Häuser – denn Außenszenen sind in beiden Filmen eher die Ausnahme und werden ebenfalls eher bühnenartig und zu Gunsten der Dialoge oder körperlichen Interaktionen zwischen den Figuren inszeniert – sind vielmehr das Produkt einer komplexen Semantisierung, wie an der für den Film »Ödipussi« zentralen Raumopposition gezeigt werden kann:

Anders als in »Pappa ante Portas«, in dem Beruf und Familie von einer handlungsrelevanten Grenze getrennt werden, sind es in diesem Film der Raum der Mutter und die Sphäre der zukünftigen Frau in Paul Winkelmanns Leben, Frau Tietze, deren Grenzüberschreitung die Handlung in Gang setzt. Paul Winkelmanns Zuhause ist in erster Linie die Villa seiner Mutter mit seinem dortigen ›Kinderzimmer‹. Er selbst besitzt zwar eine kleine eigene Wohnung, diese jedoch erweist sich schon durch Pauls merkantiles Verhalten als verkappte Dependance des Winkelmann'schen Möbelgeschäfts und damit weder als Pauls intimer Raum noch als zur Dauer bestimmter Lebensmittelpunkt. Paul schläft unter den wachsamen Foto-Augen seiner Mutter auf einem sehr vorläufig wirkenden Schlafsofa. Solange sie sicher sein kann, dass es sich um ›Herren‹ handelt, die Pauls Wohnung besuchen, ist Frau Winkelmann daher bereit, die Penetration des von Paul angemieteten Wohnraums allein aus beruflicher Notwendigkeit zu unterstützen. Sie rät ihrem Sohn, der – in Wirklichkeit für Frau Tietze – einen Hefezopf backt: »(b)evor du ihn reinschiebst, musst du ihn mit Eigelb einstreichen« (Ö 00:37:57). Diese stabile Ordnung wird jedoch durch Frau

Tietze gestört, die in die Wohnung Paul Winkelmanns – so zumindest empfindet es Pauls Mutter – unbefugt eindringt.

Dass diese alte Ordnung keine gesunde ist und überwunden werden muss, wird nicht nur durch die an traditionellen bürgerlichen Normen orientierte Handlungslogik des Films deutlich, sondern auch durch farbliche Symbolik: Während Mammas Villa als obskurer Innenraum schon in der ersten Minute durch eine lange Kamerafahrt vom Hellen zum Dunklen charakterisiert wird (vgl. Ö 00:00:20, vgl. auch 00:20:53 und 01:15:17), tritt Pussi vom Dunklen ins Licht, als er Frau Tietze in deren hell möblierter Praxis besucht (Ö 00:16:40). Der Moment, in dem Paul Winkelmann in sein eigenes Kinderzimmer in der mütterlichen Villa Licht von außen eindringen lässt, ist derselbe Moment, in dem er bemerkt, dass seine Mutter seine Position durch den Hausfreund Herrn Weber besetzt und damit eine neue (gesündere/hellere) Ordnung geschaffen hat (Ö 00:04:48). Hell, oder wie der Möbelfachmann Winkelmann sich ausdrücken würde »(e)ierschal« (Ö 00:05:30), sind auch alle Möbel und Wände im romantischen Hotel in Italien gestaltet. Die Farbe der neuen Liebe an den Orten derselben – so könnte man zuspitzen – heißt in »Ödipussi« ›Eierschal‹.[15]

»die offene Tür, die richtige Türöffnung« – Grenzen

Die Tür-Metapher im Film »Ödipussi«, die nicht nur in ihrer sexuellen Dimension, sondern auch insgesamt für die Figuren selbst dunkel oder zumindest verdrängt bleiben muss, findet im Film selbst eine ganz reale und nicht metaphorische Entsprechung. Paul Winkelmann irrt sich offenbar regelmäßig in der Tür, wenn er seine eigene Wohnung finden soll (Ö 00:07:29 und 00:31:01), und so zeigt sich – ohne, dass die Beteiligten dies wüssten –, dass Frau Tietze mit ihrer psychologisierenden Rede von der Tür zum Du tatsächlich Recht haben mag: Solange Paul nicht in der Lage ist, die Tür zur ihm noch immer fremden eigenen Wohnung zu finden, bleibt er der sich selbst sonderbar entrückte ›Pussi‹ mit dem Kinderzimmer im ersten Stock der mütterlichen Villa.

Aber nicht nur Paul Winkelmann, auch Heinrich Lohse hat ein Problem mit der Tür: »Pappa ante *Portas*«! Die handlungstreibende Situationsveränderung, der unfreiwillige und kurzfristige Renteneintritt des Ingenieurs und vermeintlichen Weltmanns Heinrich Lohse, wird durch die Abwandlung von Ciceros berühmter Hannibal-Prognose zu einem historischen Großereignis stilisiert. Aus dem Direktor »Heinrich Lohse from the Deutsche Röhren AG« (PaP 00:04:14) wird »Nur noch Herr Lohse! Was heißt denn ›nur‹?« (PaP 00:31:53), indem er die Tür aus dem Raum der Arbeit in die Gefilde des Privatiers durchschreitet – eine unerhörte Veränderung.

Die realistisch inszenierten Räume sind dabei mehrfach semantisierte ›Chronotopoi‹, also Gefüge, in denen Raum und Zeit miteinander aufs Engste verwoben sind und die Handlungsoptionen der Figuren determinieren,[16] wie auch Renate Lohses Verhalten verrät. Verfolgt von einer wackeligen Handkamera und dramatischer Musik betritt Heinrich Lohse sein Wohnzimmer: »Renate: Mein Gott, hast du mich erschreckt! Pappa: … Ich wohne hier … Renate: Aber doch nicht jetzt … um diese Zeit!« (PaP 00:08:46)

Wenn Heinrich Lohse sagt, seine neue Tätigkeit ›ziele eher ins Private‹ (PaP 00:10:35), dann darf man die im Verb ›zielen‹ nur angedeutete martialische Pfeil-Metaphorik hier ruhig in den Vordergrund rücken, denn mit der räumlich artikulierten Opposition zwischen Beruf und Heim korrespondiert in konventionell organisierten Paarbeziehungen wie der der Lohses immerhin auch eine Gender-Grenze, die Heinrich als »Das ist der alte Hass der Geschlechter!« (PaP 00:48:31) charakterisiert. Die konstitutive, ordnende und friedenstiftende Grenze im Leben der Lohses ist die Haustür. Als diese Grenze – um die Kampf- und Kriegsmetaphorik weiter zu bedienen – fällt, ist es die vordringlichste Aufgabe des Ehepaars, neue Grenzen auszuhandeln. Und tatsächlich kämpfen Renate und Heinrich um »die Nutzung des Wohnraumes« (PaP 00:28:04), indem Alternativen im Keller gesucht, getrennte und gemeinsame Exkursionen ausprobiert werden. Wichtig ist für diese Aushandlung auch, dass Renate Lohse nun diejenige ist, die das Private verlässt und externe Räume (Fabrik, Bar, Café, Park) aufsucht – der Raum- und Rollentausch ist eine der Optionen, die scheitern. Nicht zufällig ist das von Picassos Eulen-Augen observierte Sofa – Loriots Markenzeichen und Inbegriff bürgerlicher Kultur – der Dreh- und Angelpunkt dieser Aushandlungen: Hier soll Heinrich »mal gemütlich zu Hause bleiben« (PaP 00:35:45), hier kann Renate nicht in Ruhe telefonieren (PaP 00:13:10), hier und auf den Sesseln nehmen verschiedene, insbesondere weibliche Gegenfiguren (wie Herr und Frau Klöckner PaP 00:21:30, die »Kulturschnepfen«, PaP 00:28:52, Frau Kleinert PaP 00:47:32 und Brigitte Mielke, PaP 00:58:17) niemals ganz folgenlos Platz. Eine weitere als solche markierte Grenze – von zahlreichen[17] – ist auch die Treppe zum ersten Stock des Wohnhauses (»ich (…) gehe einfach mal die Treppe rauf und vielleicht auch wieder runter … wenn ich darf!«, PaP 00:33:09), die die intimere Sphäre der Familie von den repräsentativen und zumindest zum Teil öffentlichen Räumen des Erdgeschosses trennt, sowie der Gartenzaun, der sowohl die verrucht anmutende Sphäre der Mielke-Schwestern (PaP 00:17:30) wie auch den privaten, aber von Passanten observierten Raum der Lohses begrenzt (vgl. z. B. PaP 00:14:42 und 00:55:33).

»auf dem Wege der Selbstfindung« – Bewegungen

Jeder der beiden Filmplots wird von einer maßgeblichen Bewegung angetrieben: der Renten-Ein-Tritt Lohses und der (nur angedeutete und in der filmischen Zukunft verortete, aber beiderseitige) Weg durch die »Tür zum Du« beim Paar Tietze und Winkelmann. Neben diesen beiden erweisen sich aber auch die kleinen Bewegungen, die die Figuren in den mannigfach semantisierten Räumen der Filme vollziehen, als signifikant für Loriots vielschichtigen Umgang mit Topoi (im doppelten Wortsinn). Räume und Figuren konstituieren ihre Semantik in diesen choreografierten Gefügen wechselseitig auseinander: Die sozialen Regeln des Raumes begrenzen die Bewegungen; gleichzeitig bestimmt die figurale Dynamik, welche semantischen Möglichkeiten im Raum überhaupt denkbar sind.

Eine besondere, theatrale Art, Dynamik im Raum zu inszenieren, ist der Kontrast zwischen einer statischen Person oder sogar Gruppe und einer mobilen Figur. Der exponierte Einzelne steht dabei oft für den (komischen) Regelbruch. Besonders bedeutungsgeladen ist in dieser Hinsicht das erste Anbahnungsgespräch zwischen Paul Winkelmann und Renate Tietze (Ö 00:06:52): Der für romantische Komödien zentrale Moment der ersten Attraktion findet inmitten einer Baustelle statt. Alle Figuren, die auf dem Bürgersteig passieren, müssen einen umständlichen Bogen um das gerade entstehende Paar machen, das auf diese Weise zum ›Fels in der Brandung‹ der Raumordnung wird. Komik gewinnt diese in sich stimmige Konstellation (vor dem Hintergrund im Schaufenster ausgestellter Herrenunterhosen) durch zweierlei: das eher hölzerne und wenig selbstvergessene Liebeswerben sowie die Baustellenzäune, die die beiden wahlweise zur (Liebes-)Baustelle oder zum eingezäunten Zootierpaar machen.

Ein komischer Kontrast zwischen Statik und Dynamik entsteht auch durch die agile Frau Winkelmann, die ihren Sohn beim Abendessen ohne jegliche Gegenwehr à la ›ich möchte einfach nur Sitzen‹ im Wortsinn bemuttert (Ö 00:00:33), oder durch Tietze und Winkelmann, die im Auto des italienischen Kollegen gefangen von einer stetig wachsenden Zahl von Figuren gleichsam umspült werden und – wie in der Baustellenszene – noch immer keinen romantischen Profit aus dieser Situation schlagen können (Ö 00:42:47).

Auch in »Pappa ante Portas« stiften vergleichbare Kontraste zwischen Statik und Dynamik Pointen. Es lohnt sich hier, zusätzlich erneut Farbsymbolik und Kostüm in Betracht zu ziehen: Die dynamisch in den umkämpften Wohnraum einfallenden ›Kulturschnepfen‹ tragen eine Art Uniform aus Blazer und Hütchen in karierten Crèmetönen und drängen den in ähnlichen Schattierungen, jedoch sichtbar informell gekleideten, einzelnen Heinrich Lohse unter Widerstand zum Rückzug (PaP ab 00:27:41). Die in

Matrosenkleidchen tatsächlich uniformierten »Damen vom Chor« (PaP 01:16:02), denen Dieter Lohse beim Familienfest gegenübergesetzt wird, bilden eine tuschelnde Einheit, die den romantisch recht umtriebigen Sohn der Lohses nur zu einem aufgesetzten Lächeln verleiten kann (PaP 01:17:34). Dieserart lavieren sich die Figuren in beiden Filmen durch Gruppen ähnlich oder gleich angezogener Figuren und werden so durch den im Raum entstehenden und diesen mitkonstituierenden Kontrast zwischen Statik und Dynamik charakterisiert.[18] Die komischen und individualisierten Eigenschaften der Filmfiguren entstehen auf diese Weise in einem ausbalancierten Zusammenspiel aus einzelner Figur, Gruppe und Raum, der keineswegs bloße Kulisse, sondern Grenze und Produkt der sozialen Dynamik zugleich ist.

Fazit

Dass Räume in Loriots Filmwerk keineswegs austauschbare Hintergründe sind und dass eine Stadtvilla durchaus nicht wie die andere bespielt wird, konnte gezeigt werden. Welche Türen konstitutiv für die Handlungsentwicklung sind und wie der Kontrast zwischen Statik und Dynamik im Raum für eine große Zahl von Pointen verantwortlich ist, wurde erörtert. Zum Abschluss soll nun noch ein Raum aus »Ödipussi« beschrieben werden, der im Verhältnis zur realistischen Faktur des Films einen ›ou topos‹ einen Nicht-Ort darstellt: Pauls wiederkehrender Traum. Der Filmtitel verweist nämlich nicht allein auf ›Ödipus Rex‹, den Vatermörder und tragischen Helden, sondern vielleicht sogar vielmehr auf den nach diesem benannten ›Ödipuskomplex‹.[19] Ohne dass man selbst den berüchtigten Freud'schen Theoremen allzu viel Glauben schenken oder Loriot für einen Freudianer halten muss,[20] kann man »Ödipussi« mit Genuss auch als Komödie über Bindungspsychologie rezipieren. Und so bedient sich der Film an drei Stellen scheinbar unmotiviert (tatsächlich könnte man die Szenen ohne handlungsrelevante Verluste streichen) einer kleinen Traumsequenz, die fantastisch anmutende Begegnungen zwischen Paul und seiner Mutter inszeniert (Ö 00:14:56 und 01:03:55). Beide Figuren schweben von Gewölk umgeben aufeinander zu und in zwei von drei Sequenzen zieht Paul seiner Mutter den weißen Hut über den Kopf. In einem emanzipatorischen Akt am Schluss des Films geschieht diese (im Sinne Freuds eigentlich verkehrt adressierte) Blendung, während Louise Winkelmann ein rotes Fahrzeug steuert (Ö 01:21:18). Wenn das Auto daraufhin blindlings in ein Waldstück hineinbraust, steht diese Szene zugleich für den Befreiungsakt und für den Durchbruch in Liebesdingen, weil es sonderbar unbeschadet auf direktem Weg den Traumwald wieder verlässt. Diese fantastisch wirkenden Passagen strotzen vor gemachter und nicht durch die dargestellte Welt begründeter, sondern allein arbiträr gesetzter Symbolik. Sie sind daher nicht nur ein bildsprachliches »Novum« im für Loriot neuen Medium Spielfilm,[21] sondern auch ein bewusst implementierter und damit satirisch wirksamer Fremdkörper in der nicht weniger klar semantisierten, jedoch immerzu zurückgenommenen und immer auch realistisch motivierten Inszenierung des Films. Diese Bilder stellen ihre Differenz aus und können so als Karikatur des Freud'schen Umgangs mit Träumen und Symbolen gelesen werden, ohne jedoch die Möglichkeit bedeutungstragender (T)räume in Loriots Ästhetik dadurch zu negieren: Während die Psychoanalyse gemachte, komposite und symbolisch überladene Bildräume bevorzugt, wie sie Frau Tietze in ihrer Türmetapher und die Träume von Paul Winkelmann vorstellen, wählt Loriot realistische Settings und lässt durch sozial determinierte Räume, tatsächliche Grenzen und von Körpern getragene Dynamiken auch Schlüsse auf die Psyche der Figuren zu. Die Traumsequenzen führen also eine zweite Art räumlicher Semantisierung vor, die so schrill ist, dass ihr parodistischer Charakter als Kommentar deutlich zutage tritt. Weiße Hüte in Wolkenräumen und rote Fahrzeuge, die aus der Vogelperspektive gesehen in Wäldchen hineinsausen, gehören erkennbar nicht in Loriots eierschalfarbene Raumordnungen.

1 »Ödipussi« wird anhand der DVD-Fassung des Films zitiert, um auch nicht-sprachliche Zitate nachweisen zu können, und weil diese Fassung zugänglicher sein dürfte als eine reine Textfassung. Vicco von Bülow: »Loriots Ödipussi«, Bavaria Film/Rialto Film GmbH 1988, 84 min, zitiert nach DVD Warner Bros. Entertainment GmbH 2004 als ›Ö‹ unter Angabe von Stunden, Minuten und Sekunden. Alle sprachlichen Zitate wurden gleichzeitig anhand dieser Fassung geprüft: Loriot: »Loriots Ödipussi«, Zürich 1988. — **2** Auch »Pappa ante Portas« wird nach der DVD-Fassung zitiert: »Loriots Pappa ante Portas«, Rialto Film GmbH 1991, 86 min. Im Folgenden zitiert nach DVD Warner Bros. Entertainment GmbH 2004 als ›PaP‹ unter Angabe von Stunden, Minuten und Sekunden. Die sprachlichen Zitate wurden anhand von Loriot: »Pappa ante Portas«, Zürich 1991 geprüft. — **3** Vgl. dazu Stefan Neumann: »Loriot und die Hochkomik«, Trier 2011, S. 318 und zu Unterschieden ebd., S. 313 u. 319. — **4** Zur strukturellen Verwandtschaft und weiteren Ähnlichkeiten vgl. ebd., S. 318 und zu Unterschieden S. 314. — **5** Oder weniger positiv formuliert: »(S)o werden mit den Filmen keine grundlegend neuen Elemente eingebracht.« Ebd., S. 319. — **6** Anders urteilt Jens Wietschorke: »Psychogramme des Kleinbürgertums: Zur sozialen Satire bei Wilhelm Busch und Loriot«, in: »IASL« 38,1 (2013), S. 100–120, der Loriots Umgang mit bürgerlichen Normen »als dezidiert soziale Kritik« versteht (S. 119). — **7** Vgl. Neumann: »Loriot und Hochkomik«, a. a. O., S. 58. — **8** Figuren sind aus naheliegenden Gründen häufig der Gegenstand der (an sich eher seltenen) Analysen von Loriots Werk. Exemplarisch für Figurenanalysen sei eine m. E. an der vielschichtigen Machart Loriot'scher Figuren grob vorbei interpretierende Lektüre der Filmfigur Lothar Frohwein genannt: Tulzer beraubt diese Figur nämlich zahlreicher Bezüge und auch der Möglichkeit, eher eine universelle Parodie des Poeten zu verkörpern, in dem er sich festlegt: »wer möchte (…) jemanden anderen sehen als Peter Handke«. Friedrich Tulzer: »Anregungen zu Loriot«, Stuttgart 2009, S. 7, vgl. auch weitere historische Zuschreibungen zu dieser Figur bei Friedrich Tulzer: »Loriot, der Dichter«, Stuttgart 2012, S. 67f. — **9** Vgl. Dirk Koob: »Loriot als Symbolischer Interaktionist. Oder: Warum man selbst in der Badewanne gelegentlich soziale Ordnung aushandeln muss«, in: »Forum qualitative Sozialforschung« 8,1 (2007), Art. 27, o.S. Diese aufschlussreiche Analyse symbolischer Ordnungen in Loriots vielleicht berühmtestem Zeichentrick-Sketch unternimmt keine Interpretation der Tatsache, dass der Konflikt zwischen Müller-Lüdenscheidt und Dr. Klöbner maßgeblich von der Semantik räumlicher Aspekte und einer sozial (noch nicht) ausgehandelten Raumordnung abhängt, weil die Herren gemeinsam *in einer Badewanne* sitzen. Eine Verknüpfung des Symbolischen Interaktionismus mit raumsoziologischen Zugängen, wäre also sicher gewinnbringend. — **10** Vgl. Alexander Kling: »Aus dem Rahmen fallen: Dingtheorie, Narratologie und das Komische (Platon, Vischer, Loriot)«, in: »Das Verhältnis von res und verba«, Freiburg i.Br. 2018, S. 309–332. — **11** Vgl. Neumann: »Loriot und Hochkomik«, a.a.O., S. 320–322 mit weiterer Literatur. — **12** Vgl. Martina Löws Konzept der Dualität des Raums in dies.: »Raumsoziologie«, Frankfurt/M. 2001, S. 172. — **13** Durch die Spiegelung in der Binnenhandlung entsteht also durchaus eine Rahmen- und Binnenstruktur im Film, die der Kommentierung und Ironisierung dient. Strukturell ähnlich verhält sich die Traumsequenz in »Ödipussi« als semiotische Selbstreferenz durch ein Spiel im Spiel (vgl. unten S. 79). Das übersieht Neumann: »Loriot und Hochkomik«, a.a.O., S. 320, wenn er den Filmen einen »Wegfall des Rahmen-Binnenkontrastes« attestiert. — **14** Vgl. auch Neumann: »Loriot und Hochkomik«, a.a.O., S. 320. — **15** Zur zentralen strukturellen Position der beiden Reisen nach Italien und Usedom in der Handlung der Spielfilme, vgl. Neumann: »Loriot und Hochkomik«, a.a.O., S. 318. Auch die Kulisse an der Ostsee ist übrigens durch helle Farbtöne charakterisiert: Distanz, Extravaganz und Eierschalen-Glanz charakterisieren also die Räume, die beide Liebespaare einander annähern. — **16** Vgl. Michail M. Bachtin: »Chronotopos«, aus dem Russischen von Michael Dewey, mit einem Nachwort von Michael C. Frank und Kirsten Mahlke, Frankfurt/M. 2008, S. 7–9. — **17** In beiden Filmen wird übrigens die obligatorische Kerze auf dem Restauranttisch, eigentlich ein Requisit romantischer Zweisamkeit, zur unüberwindlichen Feuergrenze zwischen den einander suchenden Liebespaaren (Ö 00:36:19 und 00:55:38) sowie zusätzlich auch zur optischen Markierung einer Demarkationslinie für die Besitzansprüche an die verstreut gelandeten Komponenten von Renate Lohses Jägerspieß (»Das is' meins ... das liegt hier bei mir ...«, PaP 00:31:15). Und was in »Pappa ante Portas« mit Frau Mielkes Schuh und Frau Lohses Schwester unter dem Tisch ausgetragen wird, ist bisweilen wichtiger als das Geschehen darauf. — **18** Z.B. Heinrich Lohse und sein beleibter Opponent im Kampf um den Stuhl im – eierschalfarben – monochromen Kaffeehaus, PaP 00:41:10; oder die Inszenierung der Gruppe bei »Die Familie Schnakenburg«, PaP 01:05:47; der alerte, weiß gekleidete Kellner und die gräuliche Vereinssitzung, Ö 00:11:53; oder Frau Tietze und die clownesk agierende Arbeitergruppe im italienischen Café, Ö 00:45:41. — **19** Vgl. Neumann: »Loriot und Hochkomik«, a.a.O., S. 308, der auch noch die James-Bond-Folge »Octopussy« als Vorlage benennt. — **20** Wietschorke: »Psychogramme«, a. a. O, S. 116, liest Loriots Werk insgesamt als Kritik am Kleinbürgertum, aus dessen »im Laufe des Zivilisationsprozesses gesellschaftlich Verdrängte(m)« das Chaos hervorbricht. Ich halte diese Lesart für zu stark: »Ödipussi« führt das Unbewusste als individuellen und nicht als sozialen Komplex vor. Loriots Filme parodieren das Bürgertum aus sich selbst heraus, sie gewähren aber keinen Blick auf alternative Normsysteme. Vgl. auch Neumann: »Loriot und Hochkomik«, a.a.O., S. 316. — **21** Vgl. Neumann: »Loriot und Hochkomik«, a.a.O., S. 312.

Stefan Neumann

»Menschen sind an der Leine zu führen!«

Der Hund bei Loriot

Dass Loriot schon sehr früh in seinem Leben auf den Hund kommt, ist kein Geheimnis. Stefan Lukschy schreibt in seinen Loriot-Erinnerungen mit dem bezeichnenden Titel »Der Glückliche schlägt keine Hunde« über Vicco von Bülow: »Ich glaube, er hat in seinem Leben nie ohne Hund gelebt. Selbst als junger Soldat in Russland hatte er zeitweilig einen Hund.«[1] In Loriots Autobiografie, die den nicht minder bezeichnenden Titel »Möpse und Menschen« trägt,[2] beschäftigt sich ein Abschnitt mit den Hunden, die das Familienleben mit den von Bülows (Vicco, seine Frau Romi und die Töchter Bettina und Susanne) teilten. Da ist zunächst der schwarze Neufundländer Lukas, der von 1957 bis 1967 bei von Bülows lebt.[3] Dann folgt der Bobtail Olaf von 1972 bis 1981,[4] anschließend gibt es einen weiteren Hund, dessen Aufenthaltsdauer bei von Bülows nicht genau nachzuweisen ist. Marlies Menge berichtet in ihrem Interview aus dem Jahr 1998 von einem freundlichen Mischling namens Anton.[5]

Außerdem gab es zahlreiche Möpse. Zwar sind Loriot zufolge Möpse keine Hunde: »Möpse sind mit Hunden nicht zu vergleichen. Sie vereinigen die Vorzüge von Kindern, Katzen, Fröschen und Mäusen«, schreibt Loriot in »Möpse und Menschen«.[6] Aber mit der Zuordnung des Mopses zu den Canidae folgt der vorliegende Aufsatz doch Linné und nicht Loriot. Folgende Mopshunde der Familie von Bülow sind überliefert: Henry (1966–1981) und Gilbert (1967–1980),[7] Wotan[8] und Mime (in den 1980er Jahren) sowie Paul und Emil (ab den 1990ern)[9]. Über Wotan gibt es folgende Anekdote: »Als unser Wotan auf einem Auge zu erblinden drohte, wurde er in ›Wutz‹ umgetauft und genas.«[10]

Dass die Möpse in die Familie kamen, hat mit dem Wohnort der Familie von Bülow zu tun. Seit 1957 wohnte man bei München, seit 1963 in einem eigenen Haus in Ammerland am Starnberger See. In Starnberg entdeckte Romi von Bülow, Vicco von Bülows Gattin, 1966 einen Caravan mit 25 Möpsen.[11] Er gehörte, wie der Verfasser dieser Zeilen im November 1998 von Frau von Bülow erfuhr, Inge von Keiser, die »den wohl größten Einfluss auf die Mopszucht nach dem (Zweiten) Weltkrieg«[12] ausübte. Sie war eine Mitarbeiterin des Verhaltensforschers Konrad Lorenz[13] und lebte, wie er, in Seewiesen unweit von Starnberg und dem Starnberger See. Inge von Keiser war es auch, die die von Bülows in die Kunst der Mopshaltung einweihte. Von hier aus ist es kein weiter Weg mehr zu dem berühmten Satz Loriots: »Ein Leben ohne Mops ist möglich – aber sinnlos.«[14]

Da der Hund in der Biografie Vicco von Bülows eine herausragende Stellung einnimmt, verwundert es keineswegs, dass auch das Werk Loriots zutiefst von Hunden durchdrungen ist. Es ist wohl nicht übertrieben zu behaupten, dass der Hund eines der zentralen Leitmotive seines Werkes ist. Das zeichnet sich schon ganz zu Beginn seiner Karriere ab, als sich von Bülow sein ebenfalls ins Tierreich verweisendes Pseudonym Loriot zulegt. Eine der drei ersten Zeichnungen, die er unter seinem Nom de Plume veröffentlicht, erscheint am 14. Mai 1950 in der illustrierten Zeitschrift »Die Straße«.[15] Auf ihr ist ein glatzköpfiger, elegant gekleideter Herr zu sehen, der seinen Hut gerade auf die Garderobe legt. Zu dem sich hinter ihm befindenden Gast sagt er: »Keine Angst – er beißt nicht!« Unterdessen wird der Kollege oder Freund samt Hut und Mantel bereits von einem menschengroßen Hund verschluckt.[16] Zwar ist im Frühwerk noch nicht die Meisterschaft des Humors auszumachen, die Loriot später auszeichnen wird, dennoch lässt sich hier bereits beobachten, mit welchen Mitteln der Komik gearbeitet wird: Das ist vor allen Dingen die Text-Bild-Schere. Zwar ist, wie sich bei Durchsicht der Magazine und Illustrierten der frühen 1950er Jahre offenbart, Loriot bei Weitem nicht der einzige humoristische Zeichner, der diese Technik zur Erzeugung von Komik nutzt. Bei ihm wird sie aber, später in unerreichter Meisterschaft, zu einer Grundlage des komischen Werks, nicht nur bei den Zeichnungen, sondern vor allem im Rahmen der filmischen Arbeit. Als Beispiel sei der weithin populäre »Nudelsketch« genannt, in dem der sachlich-romantische Heiratsantrag auf der Textebene durch das Bild der im Gesicht klebenden und somit entwürdigenden Nudel konterkariert wird.[17] Ein ebenfalls für das Werk Loriot typisches Element ist die lustvolle Steigerung ins Absurde: Der Hund widerspricht durch seine Tat auf der Bildebene nicht nur der auf der Textebene geäußerten Behauptung, indem er beißt. Das wäre die einfache Ebene der Text-Bild-Schere. Hier jedoch frisst ein Riesenhund den Gast samt Stock und Hut.[18]

Beträgt das Größenverhältnis von Hund und Mensch in dieser Zeichnung noch etwa 1:1, so ändert sich das im Rahmen der nächsten Zeichnungen mit Hunden. Am 4.2.1951 erscheinen auf der Humorseite des »Stern« fünf Zeichnungen unter dem gemeinsamen Titel »Menschen sind an der Leine zu führen«.[19] Die Hunde sind hier etwa doppelt so groß wie die Menschen. Im Gegensatz zum Cartoon aus »Der Straße« entsteht die Komik somit nicht nur durch eine Text-Bild-Schere, sondern durch die Vertauschung von Rollen. Hunde werden zu Menschen, Menschen zu Hunden. Es ist ein Spiel mit dem Motiv der ›Verkehrten Welt‹.[20] So sieht man im ersten Bild einen Menschen-Mann, der an einen Baum uriniert. Er wird von einem Hund an der Leine geführt, der zu einem bei ihm stehenden zweiten Hund sagt: »Und ich sage Ihnen: an je-den Baum!«[21] Abgesehen davon, dass man in dieser Bildunterschrift bereits die Intonation und Phrasierung des späteren Sprechers und Schauspielers Loriot zu hören meint, wirkt dieser Tausch deswegen komisch, weil der Mensch, zumal er mit Anzug und Hut bekleidet ist, seine Würde einbüßt, ein dritter Grundzug der Komik Loriots. Wie sehr hier mit dem Verlust der Würde gespielt und das Tier im Menschen enttarnt wird, belegt eine weitere Zeichnung aus diesen fünfen: Sieben Hunde stehen um einen Korb. Darin sitzt eine Menschen-Frau mit drei Säuglingen. Die Bildunterschrift lautet: »Man hätte sie eben keine Minute aus den Augen lassen dürfen.«[22]

Dass eine Komik, die Würde und Ansehen des Menschen auf diese extreme Art hinterfragt, auch eine starke Gegnerschaft hervorruft, kann man sich aus der damaligen Zeit heraus gut vorstellen. Immerhin befinden wir uns im Jahre 1951. Nach dem Grauen des Nationalsozialismus sucht die bundesdeutsche Gesellschaft mit großer Mühe und Verdrängung dessen, was gewesen ist, die eigene Würde wiederzuerlangen. Da stoßen die Cartoons Loriots vielen übel auf. Als Loriot im »Stern« 1953 nicht nur die Zeichnungen von 1951 wiederveröffentlicht, sondern ab Mai 1953 mit einer neun Folgen umfassenden Serie unter dem Titel »Auf den Hund gekommen« fortsetzt,[23] hagelt es vernichtende Leserbriefe[24] und am Ende der Reihe steht der Rauswurf Loriots beim »Stern« durch den Chefredakteur Henri Nannen.[25]

Das bedeutet allerdings nicht das Ende der Hunde-Reihe. Vielmehr erscheint die Serie 1954 als Buch im Diogenes Verlag in Zürich und markiert den Beginn einer sehr erfolgreichen und lebenslang währenden Zusammenarbeit zwischen Loriot und dem Verleger Daniel Keel. Schon damals also gab es ein Publikum für diese Art der Satire.

Die Hunde wechseln unterdessen das Medium. Ab dem 5.2.1967 moderiert Loriot eine vom Süddeutschen Rundfunk für die ARD produzierte Sendereihe namens »Cartoon«. Darin werden humoristische Zeichnungen und kurze Zeichentrickfilme vorgestellt. Loriot gestaltet dazu eine Moderation, die irgendwo auf der Skala zwischen ernsthafter und komischer Präsentation liegt, aber sehr bald zum letztgenannten Pol hin ausschlägt. Zudem präsentiert Loriot schon ab der ersten Folge jeweils eigene Trickfilm-Beiträge. Ab Folge 14 kommen eigene Realfilm-Sketche dazu, sodass aus der Präsentation von Cartoons peu à peu eine eigene Loriot-Sendereihe wird.[26]

Bereits in der zweiten Folge von »Cartoon« kommt mit dem Zeichentrickfilm »Sollen Hunde fernsehen?« der Hund ins Spiel.[27] Im Stile des damaligen Bildungsfernsehens erörtert ein Dr. Lindemann, die akademisierte Version des Knollennasenmännchens mit wirren, langen, grauen Haaren, die Wirkung des Fernsehprogramms auf Hunde.

Bei diesem Zeichentrick-Sketch nutzt Loriot einen ähnlichen Rollentausch wie bei »Auf den Hund gekommen«. Der Hund als Fernsehzuschauer wird ernst genommen und einer absurd wirkenden psychologischen Betrachtung unterzogen, obwohl man angesichts des Titels wohl eher einen tiermedizinischen Diskurs erwartet hätte. Schließlich führt Doktor Lindemann aus: »Es häufen sich die Fälle, in denen Hunde nach mehrstündigem abendlichen Fernsehen schlecht einschlafen, schwer träumen oder tagelang stottern.«[28] Und gegen Ende des Sketches heißt es weiter: »Zusammenfassend kann gesagt werden: kleine dicke oder große lange Hunde und kleine dünne langhaarige oder dicke kurzhaarige sollten nicht nach 21 Uhr, langohrige, dicke, kurzohrige dünne und Hunde zwischen zwei und acht Jahren nur unter ärztlicher Aufsicht fernsehen.«[29] Interessant ist vielleicht noch zu erwähnen, dass man während des Sketches keinen einzigen Hund sieht.

Weil sich die Loriot-Sketche in »Cartoon« allmählich vom Trick- zum Realfilm wandeln, kommt den erwähnten Möpsen Gilbert und Henry in einer Reihe von Sketchen die Protagonistenrolle zu. Das beginnt mit dem Sketch »Möpse am Nordpol« in der am 23.3.1969 ausgestrahlten Folge 8 der Sendereihe.[30] Beide Möpse laufen durch tiefen Schnee. Drehort ist der winterliche Garten des eigenen Hauses.[31] Unter diese zum Teil in Zeitlupe ablaufenden Bilder legt Loriot einen dramatischen Audiokommentar um zwei Bezwinger des Nordpols namens Bovell und Lorman, die ihre Expedition ohne menschliche Hilfe geplant haben. Die Rede ist von »den letzten Augenblicken eines wochenlangen heroischen Kampfes gegen die weiße Hölle. (…) Hier auf den letzten Kilometern entscheidet es sich: Werden sie es schaffen oder waren am Ende alle Mühen, aller Einsatz für die Katze? 4000 Kilometer trennen sie nun von der Heimat (…), es gibt kein Zurück!« Und schließlich, während »Also sprach Zarathustra« von Richard Strauß zu hören ist: »Bovell und Lorman wachsen über sich selbst hinaus … die letzten Meter … der Pol.« Ein Mops hebt das Bein, um das Territorium abzustecken. Dann sehen wir in einem Close-Up ein feistes Mopsgesicht. Dazu läuft der Kommentar: »Von Entbehrung gezeichnet, das Antlitz des Sieges! Willkommen, Bovell und Lorman, Deutschland ist stolz auf euch!«[32]

Hier entsteht die Komik einmal mehr aus der Text-Bild-Schere. Ein Mops ist behäbig, stets hungrig und von eher beleibter Statur. Die Schilderung des Mopses, die Loriot im Vorwort zu »Möpse und Menschen« vornimmt, unterstreicht das: Der Mops sei in der Lage, »ein halbes Pfund entwendeter Markenbutter auf einen Sitz zu verzehren, ohne Schaden an seiner Gesundheit zu nehmen. In Anbetracht seines edlen Herzens stellt sich die Frage nach äußerer Schönheit nicht.«[33] So ist der Mops aufgrund seiner äußeren Beschaffenheit und seiner Charaktereigenschaften ein per se schon Heiterkeit auslösendes Wesen, was übrigens bereits Wilhelm Busch zu nutzen wusste.[34] Auf der visuellen Ebene sehen wir den Mops, auf der auditiven Ebene hören wir vom entbehrungsreichen Kampf und ausgezehrten Gesichtern, die angeblich 4000 Kilometer von der Heimat entfernt sind, obwohl sie sich durch den heimischen Garten bewegen.

Die für Loriot typische Meisterschaft von Text-Bild-Scheren lässt sich hier erkennen. Sie wird erreicht, indem auf der sprachlichen Ebene stets eine hochgradige Ernsthaftigkeit entsteht, zum Beispiel durch akademische, fachsprachliche oder, wie im vorliegenden Fall, pathetische Rede, die auf der visuellen Ebene effektiv untergraben beziehungsweise zerstört wird.

Weil der Mops an sich komisch ist, taucht er auch in weiteren Folgen der Sendereihe »Cartoon« auf. In Folge 15 vom 21.3.1971 wird das »seit der Reichsgründung im Jahre 1871 bedeutendste Ereignis der deutschen Geschichte« angekündigt.[35] Die Möpse stellen diesmal die beiden deutschen Astronauten Meyer und Pöhlmann dar, die mit der Mondlandefähre Wotan I die erste Mondmission der Bundesrepublik Deutschland unternehmen. Diesmal handelt es sich um ein aufwendigeres Setting als bei der Nordpol-Expedition. Im Fernsehstudio des Süddeutschen Rundfunks wurde die Mondlandefähre Wotan I und ein Stück Mondoberfläche als Modell gebaut, in das die beiden Möpse Gilbert und Henry gesetzt wurden.[36] Selbstverständlich arbeitet auch dieser Sketch wieder mit der durch die Text-Bild-Schere entstehenden Komik und variiert den Pol-Sketch. Während im Text technisch ausgefeilte Beschreibungen des Landeprozesses und der Mondfähre geboten werden, tapsen die Möpse, die »Vollendung und gleichzeitig Karikatur des Hundes«, so Hellmuth Karasek,[37] ungelenk durch die Szenerie.

Damit manifestiert sich ein neuer Kernbereich der Komik Loriots, das Fernsehen als Gegenstand der Satire. Loriot schreibt diesbezüglich: Nach der 13. Sendung übernahm Tim Moores die Regie der Sendung und »drängte mich, sowohl meine angeborene Schüchternheit zu überwinden als auch mittels Perücken, angeklebter Bärte und Nasen die Hauptrollen in meinen Sketchen selber zu übernehmen. Dann konzentrierten wir uns auf das nächstliegende, nicht ganz wehrlose Opfer, die eigene Branche«.[38] Die Möpse stellen dabei eine Vorstufe der Überwindung zum eigenen Schauspiel dar. Sie sind eine Erweiterung der eigenen Person und sondieren ein Terrain, um es für den Menschen Loriot vorzubereiten. Wie auf dem Mond, sind die Möpse auch hier Pioniere.

Mit der Mondmops-Reportage werden vor allem Sendungen wie die zahlreichen Berichte zur Mondlandung 1969 parodiert, die mit ihrer Mischung aus technischer Detailverliebtheit und einer Pathetisierung des Augenblicks vor allem dann ins Leere laufen, wenn nichts Berichtenswertes passiert oder das Berichtenswerte wesentlich banaler ist, als man es angesichts des medialen Aufwandes erwarten würde.[39] Bloßgestellt wird dies zum Beispiel durch folgenden Fernsehkommentar zur Mondlandung der Möpse, die an einer kleinen Sandmulde vorbeilaufen: »Das sind wohl bisher die eindrucksvollsten Farbfernseh-Bilder von der Mondoberfläche. Im Hintergrund rechts die Erde, unser blauer Planet. Links die Landefähre. Der Krater im Vordergrund ist 30 Zentimeter im Durchmesser, Ausmaße, von denen man sich auf der Erde kaum eine Vorstellung machen kann.«[40] Auch hier dient wieder »Also sprach Zarathustra« als Soundtrack, womit nicht nur auf den Pol-Sketch, sondern in diesem Kontext vor allem auf Stanley Kubricks Film »2001« aus dem Jahre 1968 verwiesen wird.

Der Mops Gilbert[41] spielt auch in dem Sketch »Tierstunde – Der wilde Waldmops« mit, der in der »Cartoon«-Folge 19 vom 8.3.1972 ausgestrahlt wird und wieder parodistisch auf das Fernsehen zielt. Hier werden Tiersendungen aufs Korn genommen.[42] Die einführende Moderation lautet: »Wir haben häufig den Vorwurf gehört, unser Programm ziele nur auf die Wünsche eines ganz kleinen, speziellen Zuschauerkreises. Um diese Behauptungen zu widerlegen, beginnen wir heute mit einem Beitrag, von dem wir glauben, dass er ein breiteres Publikum gewinnt, mit einem Beitrag, der zum Herzen spricht.«[43] Loriot parodiert Horst Stern, der zu jener Zeit als kritischer Tierfilmer bekannt ist. Als dieser äußert Loriot sich zunächst skeptisch über die Rolle des Menschen auf unserem Planeten. Sodann wird mittels Archivmaterials dargestellt, dass der Mensch den Mops schamlos domestiziert habe, um ihn zum Konsumgut zu machen. Noch bis ins 16. Jahrhundert habe der weidende Wildmops die Weiten Europas durchquert. Heute gebe es in Nordeuropa nur noch wenige Exemplare. (Zu sehen ist derweil ein Elch.) »Ende des 16. Jahrhunderts galten die mächtigen Mopsschaufeln noch als beliebte Jagdtrophäe. Im Laufe des 17. Jahrhunderts hat man sie jedoch rücksichtslos zurückgezüchtet, da sich 14-Ender im Schoße älterer Damen als hinderlich erwiesen hatten. Der Mops wurde gefahrlos und dadurch konsumgerecht.«[44]

Nach dieser Parodie des behäbigen ökologischen Tierfilms bricht jedoch Loriots Hang zum anarchischen Humor hervor, der auch den »Steinlaus«- und so manch anderen Tiersketch Loriots kennzeichnet. Die Stoßrichtung wechselt: In Deutschland gäbe es nur noch den scheuen Waldmops (zu sehen ist Gilbert mit einem künstlichen Geweih durch den Wald laufend), der »im deutschen Wald jährlich pro Kopf einen Schaden von rund 40 000 Mark« anrichte. »Auf Nahrungssuche verwüstet er Quadratkilometer wertvollen Waldbestandes, nimmt Vogelnester aus, reißt Rotwild und stellt Singvögeln nach (…). Den Winter verbringt der Waldmops in Südafrika, während er im Frühjahr die Wesermündung aufsucht, um sich dort zu paaren.« Die Jungen schlüpfen dort und streben dem Wasser zu. »Wer überlebt, schwimmt nach rätselhaften uralten Naturgesetzen stromaufwärts, um an den Laichplätzen der Lachse schwere Schäden anzurichten.«[45] Abschließend wird gefragt, wie lange man beim Bundesforstamt diesem Treiben noch untätig zuschauen wolle. Falsch verstandene Romantik sei hier gänzlich fehl am Platze.[46] So erscheint am Schluss der harmlose dicke Schoßhund als zerstörerische Naturgewalt.

Mit dem »Waldmops«-Sketch verschwindet der Mops wieder aus dem Werk Loriots. An seiner Stelle übernimmt ein anderer Hund eine prominente, nein: eindeutig die prominenteste Rolle, die je ein Hund übernommen hat. Die Rede ist vom Maskottchen der Aktion Sorgenkind, einer Fernsehlotterie des ZDF. Hierfür zeichnet Loriot ab Herbst 1970 einen Hund, der in kurzen Trickfilm-Sequenzen sein knollennasiges Herrchen (und damit die Zuschauer) auf die Sendung »Drei mal neun« hinweist. Im Rahmen dieser Fernsehshow mit Ratequiz finden die Aktion-Sorgenkind-Lotterieziehungen statt. Moderiert wird die Show vom ehemaligen Moderator des »Aktuellen Sportstudios«, Wim Thoelke. Loriots Trickfilm-Hund wird in die Sendung fest eingebunden. In einem eigenen Show-Block führt Wum – sein knollenasiges Herrchen ist inzwischen verschwunden – via Blue-Screen-Projektion ein Gespräch mit Show-Host Wim, nachdem er ihn jeweils mit dem Ruf »Thööölke!« herbeizitiert. Die Sketche münden stets in der Ermahnung, an den Stichtag zu denken, bis zu dem man ein Los für die nächste Ausspielung der Fernsehlotterie kaufen kann. Zur Erinnerung macht Wum dabei einen Knoten in sein Ohr.

Weil der Zeichentrickhund sich vor allem bei Kindern rasch extremer Beliebtheit erfreut, verlegt man seinen Sendeplatz vom Ende der Show in den mittleren Teil, damit Kinder nicht so lange wach bleiben müssen, um Wum zu sehen.[47] Nach dem Ende der Show »Drei mal neun« werden die Sketche in der Nachfolge-Show »Der große Preis« gezeigt, die zwischen 1974 und 1992 läuft.

Wum ist kein Mops, sondern eher das tierische Pendant zum Knollennasenmännchen, ein Universalhund, der am ehesten einem Beagle ähnelt. Wesentlich detailreicher gezeichnet als die Hunde aus den frühen Cartoons im »Stern«, könnte man ihm die Eigenschaften frech, naiv, rechthaberisch, aber dabei stets liebenswürdig zuordnen.[48] Vor allem aber hat er etwas Kindlich-Anarchisches.

Der Trickfilmhund Wum, dem später ein Elefant namens Wendelin und Nebenfiguren wie der Blaue Klaus (ein Marsmensch), ein Schwein namens Fräulein Berta und der faule Hund Hugo zur Seite gestellt werden, avanciert zum Publikumsliebling nicht nur des Fernsehprogramms, sondern der Nation insgesamt.[49] Bald gibt es Wum als Spielzeugfigur, Aufkleber und Plüschtier und schließlich auch als sehr erfolgreichen Sänger. Unter dem Namen Wums Gesang nimmt Loriot 1972 eine selbstgetextete Single mit dem Titel »Ich wünsch mir ’ne kleine Mietzekatze« auf, die 28 Wochen in den deutschen Charts steht und dort schließlich Platz 1 belegt.[50]

Mit seinem rot-orangenen Sitzkissen, seinen frechen Sprüchen und seiner Unbekümmertheit ist Wum ein wichtiges Symbol für die frühen 1970er Jahre in Westdeutschland geworden. Leider ist die Überlieferungslage der Wum-Sketche, die ab 1986 nicht mehr von Loriot selbst, sondern von Jörg Knörr gesprochen werden, sehr schlecht. Viele der alten Bänder von »Drei mal neun« und »Der große Preis« sind im ZDF-Archiv gelöscht worden. Die Originale sind von Loriot nie archiviert worden, sodass die zwölf Sketche aus »Die vollständige Fernsehedition« den derzeit greifbaren schmalen Rest aus diesem Werksegment darstellen.[51]

Ähnlich abwesend wie die fehlenden Folgen der ZDF-Fernsehshow, von denen man weiß, dass es sie gibt, sie aber nicht mehr sehen kann, ist der Hund in »Pappa ante Portas«, Loriots zweitem Spielfilm aus dem Jahr 1991. Nur das Hinterteil eines dunklen Hundes, das immer irgendwo im Weg liegt, ist zu sehen, dargestellt durch eine Attrappe mit eingeschränkt beweglichem Schwanz. Als Herr Lohse, die Hauptfigur des Films, mit Wutz, so der vertraute Name des rätselhaften Hundes, spazieren gehen will, ist folgerichtig auch nur eine lange Leine zu sehen, an der Herr Lohse vergeblich zieht. Der Hund wird hier zur Projektionsfläche für das Ehepaar Lohse und bleibt schließlich der einzige Vertraute, der Herrn Lohse bleibt, als er aus dem ehelichen Schlafzimmer expatriiert wird.

Der letzte große Auftritt eines Hundes im Werk Loriots ist jener von Bello in dem Sketch »Der sprechende Hund«, der am 15.6.1978 im Rahmen der Sendung »Loriot IV« ausgestrahlt wird.[52] Ein Fernsehmoderator und ein mit starkem norddeutschen Akzent sprechender Herr Doktor Sommer sitzen mit Bello, einem angeblich sprechenden Hund im Fernsehstudio. Der Hund sieht den frühen Cartoon-Hunden wieder deutlich ähnlicher als Wum. Er wirkt auch ähnlich riesenhaft. Ein Großteil des Sketches handelt davon, wie die beiden Männer darüber streiten, was Bello denn nun sagen soll, um sein Können unter Beweis zu stellen. Dies muss, darauf achtet der Moderator penibel, dem öffentlich-rechtlichen Fernsehen entsprechend ausgewogen sein. Bei der Themensuche kommen die beiden Menschen dann recht weit ab vom eigentlichen Thema. Alle Sprechversuche des Hundes klingen unterdessen wie »hohoho« mit verschiedener Silbenhäufigkeit. Darüber hinaus beendet Bello jeden Satz mit einem unanständigen Geräusch der Zunge.[53] Das verleitet den Moderator schließlich nach einigen Minuten zu folgender Aussage: »Herr Doktor Sommer, darf ich offen sprechen? (…) Ihr Hund *kann* überhaupt nicht sprechen!«[54]

Auch bei diesem Sketch handelt es sich um eine Parodie des Fernsehens und des damals gerade boomenden Formats der Talkshow. Und auch in diesem Sketch spiegelt sich erneut Loriots Lust am anarchischen Spektakel.

Vor allem aber finden wir hier etwas ganz deutlich, was alle Hunde im Werk Loriots begleitet: Sie dienen stets als Spiegel des Menschen.[55] In den

Unzulänglichkeiten, die wir in den Hunden zu entdecken meinen, sehen wir die Eigenschaften der Menschen, ihre gnadenlose Selbstüberschätzung. Sie suchen Zuflucht in der eigenen, scheinbar hoch über der Kreatur stehenden Würde, einem fragilen Gebilde, das Loriot ständig kollabieren lässt, um schließlich die Eitelkeiten, Egoismen und auch triebhaften Bosheiten des Menschen und der Menschheit darzustellen. Doch dies tut er so hintergründig und dezent, dass es als Element seiner Komik stets eine zarte Kopfnote bleibt, die ihm kaum jemand übel nimmt.

Tendenziell lässt sich das auch in einem 1994 für die »Zeit« verfassten politisch kritischen neuen Kinderlied mit dem Titel »Nur eine Art ...« erkennen. Der Text lautet: »Denk immer dran, mein liebes Kind, / dass Deutsche unvergleichbar sind. // Wir sind nicht einfach Lebewesen / wie beispielsweise die Chinesen, / Amerikaner und Franzosen / und all die vielen Namenlosen. // Nur eine Art lebt hier auf Erden, / die kann an uns gemessen werden: / Merk Dir, mein Kind, das sind gesunde / stubenreine Schäferhunde.«[56]

1 Stefan Lukschy: »Der Glückliche schlägt keine Hunde«, Berlin 2013, S. 128. — **2** Loriot: »Möpse und Menschen«, Zürich 1983. — **3** Ebd., S. 154. — **4** Ebd., S. 168. — **5** Marlies Menge: »Herr und Mops«, in: »Die Zeit« 16 (1998), S. 21. — **6** Loriot: »Möpse«, a. a. O., S. 159. — **7** Ebd., S. 159. Vgl. auch Loriot: »Gästebuch«, Zürich 2013, S. 11 f. — **8** Ebd., S. 294. — **9** Lukschy: »Der Glückliche«, a. a. O., S. 131. — **10** Loriot: »Möpse«, a. a. O., S. 294. Diese Anekdote speist ihre etwas gespenstische Komik aus der Tatsache, dass der germanische Göttervater Wotan ein Auge geopfert hatte. Zur Affinität zwischen Hunden und Geistern vgl. auch Heinz Rölleke: »Der Hund und das ›Gespenst‹ in Kleists Novelle ›Das Bettelweib von Locarno‹ und anderwärts«, in: »Überschreitungen – Festschrift für L. M. Fiedler«, hg. von J. Sader und A. Wörner, Würzburg 2002, S. 75–79. — **11** Vgl. Menge: »Herr und Mops«, a. a. O., S. 21. — **12** Inge Weißling: »Mops: Auswahl, Haltung, Erziehung, Beschäftigung«, Stuttgart 2011, S. 16. — **13** Vgl. ebd. — **14** Loriot: »Gesammelte Prosa«, hg. von Daniel Keel, Zürich 2006, S. 664. Das hier als Gedicht gedruckte und weithin bekannte Zitat lässt sich laut Keel interessanterweise »nicht genau zurückverfolgen« (S. 726). — **15** Vgl. Stefan Neumann: »Loriot und die Hochkomik«, Trier 2011, S. 27 f. und 361. — **16** Vgl. Loriot: »Möpse«, a. a. O., S. 35. — **17** Vgl. Neumann: »Loriot und die Hochkomik«, a. a. O., S. 408. Im Bereich des Films spricht man hier auch von einer Ton-Bild-Schere. — **18** Vgl. Neumann: »Loriot und die Hochkomik«, a. a. O., S. 84. — **19** Vgl. ebd., S. 93. — **20** Vgl. ebd., S. 95. — **21** »Stern«, 5 (1951), S. 27. — **22** Ebd. — **23** Vgl. »Stern«, 21 bis 28 (1953). — **24** Vgl. Loriot: »Möpse«, a. a. O., S. 48. — **25** Vgl. ebd. — **26** Vgl. Neumann: »Loriot und die Hochkomik«, a. a. O., S. 214. In »Die vollständige Fernsehedition« aus dem Jahr 2007 heißt dieser Beitrag »Möpse am Pol«, an anderer Stelle »Elchmops«. — **27** Ausgestrahlt wurde die Folge erstmals am 30.5.1967. Vgl. Neumann: »Loriot und die Hochkomik«, a. a. O., S. 399. — **28** Zit. nach Loriot: »Gesammelte Prosa«, a. a. O., S. 361 f. — **29** Ebd. — **30** Daten zu dieser und allen weiteren Fernsehsendungen Loriots vgl. Neumann: »Loriot und die Hochkomik«, a. a. O., S. 398–418, hier 400. — **31** Vgl. Loriot: »Möpse«, a. a. O., S. 188 f. — **32** Der Sketch wird zitiert nach Loriot / Stefan Lukschy: »Die vollständige Fernseh-Edition«, Warner Home Video 2007, DVD 1 (13:39–15:34). — **33** Loriot: »Möpse«, a. a. O., S. 8. — **34** Vgl. Inge Weißling: »Mops: Auswahl,

Haltung, Erziehung, Beschäftigung«, Stuttgart 2011, S. 12. — **35** Der Sketch wird zitiert nach Loriot / Lukschy: »Fernseh-Edition«, a. a. O., DVD 2, (1:00:25-:1:04:50). — **36** Vgl. Loriot: »Möpse«, a. a. O., S. 190 f. — **37** Zitiert nach Miriam Saalfrank: »Ein Leben ohne Mops ist möglich, aber sinnlos«, in: »Die Welt«, 6.5.2014, Regionalteil Stuttgart. — **38** Loriot: »Loriot. Ausstellungskatalog und Jubiläumsbuch zum 70. Geburtstag.«, Zürich 1993, S. 35. — **39** Auch in der Fußballreportage findet sich diese Form medialer Selbstdemontage häufig. — **40** Loriot / Lukschy: »Fernseh-Edition«, a. a. O., DVD 2, (1:03:14–1:03:37). — **41** Loriot: »Gästebuch«, hg. von Susanne von Bülow u. a., Zürich 2013, S. 11. — **42** Aus dieser Linie von Fernsehparodien erwächst schließlich der berühmte Sketch »Die Steinlaus« aus »Loriot II« vom 16.5.1977. Vgl. Neumann: »Loriot und die Hochkomik«, a. a. O., S. 262. — **43** Loriot / Lukschy: »Fernseh-Edition«, a. a. O., DVD 2, (55:55–56:13). — **44** Ebd. (58:30–58:54). — **45** Ebd. (59:17–1:00:06). — **46** Vgl. ebd., (1:00:07–1:00:21). — **47** Vgl. Neumann: »Loriot und die Hochkomik«, a. a. O., S. 336 und Wim Thoelke: »Stars, Kollegen und Ganoven«, Bergisch Gladbach 1995, S. 488–493. — **48** Vgl. Klaus Schwidowski: »Ein Hund macht Karriere«; in: »Stern«, 1 (1973). — **49** Vgl. ebd. — **50** Weitere Aufnahmen, wie »Abbl-Dibabbl« (1973), »Ein dicker Elefant« (1973) und »Was spielst du denn da« (1979) waren nicht mehr so erfolgreich. — **51** Vgl. Lukschy: »Der Glückliche schlägt keine Hunde«, a. a. O., S. 261. — **52** Vgl. Neumann: »Loriot und die Hochkomik«, a. a. O., S. 408. — **53** Vgl. Loriot: »Gesammelte Prosa«, a. a. O., S. 335. — **54** Ebd., S. 334. — **55** Dies gilt übrigens auch für die von Hunden inspirierten Werke, wie z. B. der Sketch »Schweifträger« aus »Loriot I« oder der Streit über die bei Scrabble gelegten Wörter »Hundnase« und »Schwanzhund« in »Ödipussi«, die hier leider keine Berücksichtigung finden können. — **56** Zitiert nach Loriot: »Sehr verehrte Damen und Herren … Reden und Ähnliches«, Zürich, 5. erw. Aufl. 1995, S. 153.

Bibliografische Hinweise

Für eine Gesamtübersicht der Werke Loriots vgl. das chronologische Werkverzeichnis in Stefan Neumann: »Loriot und die Hochkomik. Leben, Werk und Wirken Vicco von Bülows«, Trier 2011, S. 361–428. Für eine Gesamtübersicht der Filme und Sketche vgl. die Aufstellung auf der von Susanne v. Bülow betriebenen Website zu Loriot: https://www.loriot.de *(12.1.2021).*

Monografien und Sammlungen mit Texten und Bildern von Loriot (Auswahl hier zitierter Bände)

»Wahre Geschichten erlogen von Loriot«, Zürich 1959.

»Für den Fall … Der neuzeitliche Helfer in schwierigen Lebenslagen«, Zürich 1960.

»Der Gute Geschmack«, Zürich 1964.

»Loriots Großer Ratgeber«, Berlin, Darmstadt, Wien 1967.

»Reinhold das Nashorn. Mit Versen von Basil. Ein kleines Diogenes Kinderbuch«, Zürich 1969.

»Loriots Tagebuch«, Zürich 1970.

»Loriot's Großer Ratgeber«, Zürich 1983.

»Loriots dramatische Werke. Verbesserte Neuausgabe«, Zürich 1983.

»Szenen einer Ehe in Wort und Bild von Loriot«, Zürich 1986.

»Loriots Ödipussi«, Zürich 1988.

»Pappa ante Portas«, Zürich 1991.

»Loriot. Ausstellungskatalog und Jubiläumsbuch zum 70. Geburtstag.«, Zürich 1993.

»Sehr verehrte Damen und Herren … Reden und Ähnliches«, Zürich, 5. erw. Aufl. 1995.

»Loriot's Kleiner Opernführer«, Zürich 2003.

»Gesammelte Prosa. Alle Dramen, Geschichten, Festreden, Liebesbriefe, Kochrezepte, der legendäre Opernführer und etwa zehn Gedichte«, hg. von Daniel Keel, Zürich 2006.

»Möpse und Menschen. Eine Art Biographie«, Zürich 2012.

»Gästebuch«, hg. von Susanne von Bülow u. a., Zürich 2013.

»Spätlese«, hg. v. Susanne von Bülow u. a. Zürich 2013.

»Der ganz offene Brief. 115 ungewöhnliche Mitteilungen«, hg. v. Susanne von Bülow u. a., Hamburg 2014.

Filme und Sketche (Auswahl hier zitierter Werke)

»Loriot. Die vollständige Fernseh-Edition«. Warner Home Video 2007.

»Loriots Ödipussi«, Bavaria Film/Rialto Film GmbH 1988, DVD Warner Bros. Entertainment GmbH 2004

»Loriots Pappa ante Portas«, Rialto Film GmbH 1991, 86 min, DVD Warner Bros. Entertainment GmbH 2004.

Literatur über Loriot (in Auswahl)

Bogdal, Klaus-Michael: »Weiche Eier und kaputte Fernseher. Loriots Einakter«, in: »Praxis Deutsch« 125 (Mai 1994), S. 44–47.

Cioccetti, Barbara: »Il Linguaggio Satirico di Loriot: Analisi storico-linguistica«, Abschlussarbeit Unversita' degli Studio Roma Tre, Rom 2005.

Ehlert, Uwe: »›Das ist wohl mehr 'ne Kommunikationsstörung.‹ Die Darstellung von Missverständnissen im Werk Loriots«, Nottuln 2004.

Fix, Ulla: »Text- und Stilanalyse unter dem Aspekt der kommunikativen Ethik: Der Umgang mit den Griceschen Konversationsmaximen in dem Dialog ›Das Ei‹ von Loriot«, in: Beiträge zur Text- und Stilanalyse, hg. v. Angelika Feine und Hans-Joachim Siebert, Frankfurt/M. 1996, S. 53–67.

Grünewald, Dietrich: »Loriot und die Zeichenkunst der Ironie,« (Vortrag in Münsing 2016), in: »Comicoskop – Das deutsche E-Fachmagazin für Comic-Kultur, Cartoon, Manga & Bildgeschichte«, https://www.comicoskop.com/cartoons-loriot-und-die-kunst-der-ironie-1-teil/ (11.06.2020).

Grünewald, Dietrich: »Loriot und die Zeichenkunst der Ironie«, Berlin 2019.

Häußler, Inge: »Textwelten – Stilwelten: Stilanalysen zu Texten von Bertolt Brecht, Thomas Mann, Erwin Strittmatter, Heinrich Heine, Georg Britting, Odo Marquard (Loriot) und Jason Dark«, Jena 2010.

Jehle, Volker: »Hildesheimer und Loriot: in memoriam Daniel Keel (10. Oktober 1930 – 13. September 2011)«, in: Komik, Satire, Groteske. München 2012, S. 115–134.

Kling, Alexander: »Aus dem Rahmen fallen: Dingtheorie, Narratologie und das Komische (Platon, Vischer, Loriot)«, in: »Das Verhältnis von res und verba. Zu den Narrativen der Dinge«, hg. von Martina Wernli und Alexander Kling, Freiburg i. Br. 2018, S. 309–332.

Koob, Dirk: »Loriot als Symbolischer Interaktionist. Oder: Warum man selbst in der Badewanne gelegentlich soziale Ordnung aushandeln muss«, in: »Forum qualitative Sozialforschung« 8,1 (2007), Art. 27, o. S.

Lobenbrett, Dieter: »Loriot Biographie«, München 2012.

Lukschy, Stefan: »Der Glückliche schlägt keine Hunde. Ein Loriot Porträt«, Berlin 2013.

Meinhold, Monika und Rainer Nickel: »Ironie, Parodie und Satire: Von Lucilius bis Loriot«, Freiburg i. Br., Würzburg 1977.

Neumann, Cornelia: »Nonsense versus Tiefsinn? Ein interkultureller Vergleich des deutschen und englischen Humors am Beispiel der Fernsehsketche von Loriot und Monty Python«, Magisterarbeit HU Berlin, Berlin 2001.

Neumann, Stefan: »Loriot und die Hochkomik. Leben, Werk und Wirken Vicco von Bülows«, Trier 2011.

Neumann, Stefan: »Vicco von Bülow alias Loriot: Werkmonografie«, Wuppertal 2000.

Platz, Michel op den: »›Männer sind … Und Frauen auch … Überleg dir das mal!‹ Wider die heteronormative Lesart von Geschlechterbildern im Werk Loriots«, Würzburg 2016.

Reuter, Felix: »Chaos, Komik, Kooperation. Loriots Fernsehsketche«, Würzburg 2016.

Stölzl, Christoph: »Wir sind Loriot oder Ein Preuße lockert die Deutschen«, in: Loriot: »Gesammelte Prosa«, hg. von Daniel Keel, Zürich 2006, S. 709–715.

Tulzer, Friedrich: »Anregungen zu Loriot«, Stuttgart 2009.

Tulzer, Friedrich: »Loriot, der Dichter«, Stuttgart 2012.

Ulrich, Carmen: »›I am a Prussian please curb your enthusiasm‹: Loriot's scenes about nothing«, in: »German studies in India« 4 (2015), S. 63–71.

Vaget, Hans Rudolf: »Was gibt's da zu lachen? Loriot und Anna Russell erläutern den ›Ring‹«, in: »Wagnerspectrum« 3,1 (2007), S. 59–75.

Wietschorke, Jens: »Psychogramme des Kleinbürgertums: Zur sozialen Satire bei Wilhelm Busch und Loriot«, in: »IASL« 38,1 (2013), S. 100–120.

Zhu, Yanfei: »Die Reflexion des Frauenbildes in der Ehe-Trilogie von Loriot: kommunikativ-situative Frauengestaltung vom Frühstück bis zum Fernsehabend«, in: »Die Flucht vor der Vernunft und die Suche nach ihr. Beiträge chinesischer Germanisten zur internationalen Germanistik«, hg. von Maoping Wie, Bern 2017, S. 97–113.

Loriot, eigentlich Bernhard-Viktor Christoph-Carl, kurz Vicco, von Bülow, geboren am 12.11.1923 in Brandenburg an der Havel, verbrachte seine Kindheit in Berlin und seine Jugend in Stuttgart. Er war Soldat, arbeitete nach dem Krieg als Holzfäller und studierte von 1947 bis 1949 Malerei und Grafik an der Landeskunstschule Hamburg. Anfang der 1950er Jahre wurde er mit seinen humoristischen Arbeiten für »Stern«, »Weltbild« und »Quick« berühmt. 1954 erschienen seine ersten Bücher »Auf den Hund gekommen. 44 lieblose Zeichnungen« und »Reinhold das Nashorn«. Ab 1967 wirkte er als Autor, Regisseur und oft auch als Darsteller oder Sprecher in zahlreichen Fernsehsketchen sowie den Filmkomödien »Ödipussi« und »Pappa ante Portas«. Loriot war Mitglied der Akademie der Künste in Berlin-Brandenburg und der Bayerischen Akademie der Schönen Künste. Er erhielt diverse Auszeichnungen, u. a. 2004 den Jacob-Grimm-Preis Deutsche Sprache, 2007 den Wilhelm-Busch-Preis und 2009 den Lola-Ehrenpreis der Deutschen Filmakademie. Er starb am 22.8.2011 in Ammerland am Starnberger See.

*

Anna Bers, Literaturwissenschaftlerin und wissenschaftliche Mitarbeiterin an der Georg-August-Universität Göttingen; Promotion zu Zeichenkonzepten in Johann Wolfgang von Goethes Spätwerk; Veröffentlichungen im Bereich der Gegenwartsliteratur, Lyriktheorie (insbesondere zu Phänomenen des Performativen in der Lyrik) und zu deutsch-baltischen Kulturtransfers; zuletzt erschienen: »Frauen | Lyrik« (2020).

Christoph Classen, wissenschaftlicher Mitarbeiter am Leibniz-Institut für Zeithistorische Forschung Potsdam; Veröffentlichungen über deutsche und europäische Medien- und Zeitgeschichte; aktuell Arbeiten zur Geschichte des Rundfunks, zur deutsch-deutschen Mediengeschichte und zum Verhältnis von Authentizität und Medien; zuletzt erschienen: »Medialization in Opposing Systems: Approaching a Media History of Divided Germany«, in: »German Historical Institute London Bulletin« 41,1 (2019), S. 19–49.

Ulla Fix, emeritierte Professorin für deutsche Sprache der Gegenwart an der Universität Leipzig. Forschungsgebiete u. a.: Textlinguistik/Stilistik, Semiotik, Sprache in totalitären Systemen, Sprache und Literatur, Verstehensforschung/Leichte Sprache. Auswahl an Veröffentlichungen: »Sprache in der Literatur und im Alltag« (2013), »Leichte Sprache im Spiegel theoretischer und angewandter Forschung« (Hg. zus. mit Bettina M. Bock und Daisy

Lange, 2017), »Rhetorik der Selbsttäuschung« (Hg. zus. mit Gerd Antos und Bettina Radeiski, 2014).

Claudia Hillebrandt, Privatdozentin und wissenschaftliche Mitarbeiterin am Institut für Germanistische Literaturwissenschaft der Friedrich-Schiller-Universität Jena; Publikationen zur Emotionalität von Erzählungen, Klanglichkeit von Gedichten, Geschichte der Lyrik und der Literatur der Moderne und der Gegenwart. Zuletzt erschienen: »Grundfragen der Lyrikologie 2: Begriffe, Methoden und Analysedimensionen« (Hg. zus. mit Sonja Klimek, Ralph Müller und Rüdiger Zymner, 2021).

Tom Kindt, Professor für Germanistische und Allgemeine Literaturwissenschaft an der Universität Fribourg (Schweiz). Arbeitsschwerpunkte: Literatur vom 18. Jahrhundert bis zur Gegenwart, Erzähltheorie, Komikforschung, Geschichte der Germanistik. Jüngste Buchveröffentlichungen: »Brecht und die Folgen« (2018), »TEXT+KRITIK: Lukas Bärfuss« (Mithg., 2020), »Der deutschprachige Nachkriegsroman und die Tradition des unzuverlässigen Erzählens« (Mithg., 2021).

Stefan Neumann lehrt Literaturwissenschaft und -didaktik an der Bergischen Universität Wuppertal. Promotion zu Loriot im Jahr 2000. Die Werkmonografie »Loriot und die Hochkomik« erschien 2011. Weitere Veröffentlichungsschwerpunkte sind Else Lasker-Schüler und die Popkultur; zuletzt erschienen: »Textzugänge ermöglichen. Gattungsspezifische und methodische Perspektiven« (Hg. zus. mit Katrin Kloppert und Verena Ronge, 2020).

Eckhard Pabst, wissenschaftlicher Angestellter am Institut für Neuere deutsche Literatur und Medien an der Universität Kiel und Leiter des Kommunalen Kinos der Landeshauptstadt Kiel; Veröffentlichungen zu Film (u. a. zu Fritz Lang, David Lynch, James Cameron, Steven Spielberg und Alfred Hitchcock) und Fernsehen (u. a. zur Lindenstraße).

Felix Christian Reuter, Gymnasiallehrer für Deutsch und Medien am Lycée Aline Mayrisch in Luxemburg; Dissertation über kooperative Kommunikation in Loriots satirisch-parodistischen Fernsehsketchen: »Chaos, Komik, Kooperation. Loriots Fernsehsketche« (2016).

Gertrud Vowinckel-Textor, Kunsthistorikerin mit Forschungsschwerpunkt Karikatur des 20. Jahrhunderts; Veröffentlichungen und Vorträge über Karikatur (Saul Steinberg, Lyonel Feininger) und humoristische Zeichnung sowie über Bilderbuchillustration, Comicstrip und Trickfilm; z. B.: zusammen mit Andreas Vowinckel: »Figürlicher Zeichenstil im Werk von Lyonel Feininger und Paul Klee«, in: Uta Gerlach-Laxner und Ellen Schwiers (Hg.): »Kat. Ausst. Lyonel Feininger – Paul Klee. Malerfreunde am Bauhaus« (2009).

Bisher sind in der Reihe TEXT+KRITIK erschienen:

Günter Grass
(1) 7. Aufl., 138 Seiten

Hans Henny Jahnn
(2/3) vergriffen

Georg Trakl
(4/4a) 4. Aufl., 123 Seiten

Günter Eich
(5) vergriffen

Ingeborg Bachmann
(6) 5. Aufl., 207 Seiten

Andreas Gryphius
(7/8) 2. Aufl., 130 Seiten

Politische Lyrik
(9/9a) 3. Aufl., 111 Seiten

Hermann Hesse
(10/11) 2. Aufl., 132 Seiten

Robert Walser
(12/12a) 4. Aufl., 216 Seiten

Alfred Döblin
(13/14) 3. Aufl., 200 Seiten

Henry James
(15/16) vergriffen

Cesare Pavese
(17) vergriffen

Heinrich Heine
(18/19) 4. Aufl., 203 Seiten

Arno Schmidt
(20/20a) 4. Aufl., 221 Seiten

Robert Musil
(21/22) 3. Aufl., 179 Seiten

Nelly Sachs
(23) 3. Aufl., 126 Seiten

Peter Handke
(24) 6. Aufl., 141 Seiten

Konkrete Poesie I
(25) vergriffen

Lessing contra Goeze
(26/27) vergriffen

Elias Canetti
(28) 4. Aufl., 177 Seiten

Kurt Tucholsky
(29) 3. Aufl., 103 Seiten

Konkrete Poesie II
(30) vergriffen

Walter Benjamin
(31/32) 3. Aufl., 232 Seiten

Heinrich Böll
(33) 3. Aufl., 156 Seiten

Wolfgang Koeppen
(34) 2. Aufl., 112 Seiten

Kurt Schwitters
(35/36) vergriffen

Peter Weiss
(37) vergriffen

Anna Seghers
(38) vergriffen

Georg Lukács
(39/40) 90 Seiten

Martin Walser
(41/42) 3. Aufl., 156 Seiten

Thomas Bernhard
(43) 4. Aufl., 288 Seiten

Gottfried Benn
(44) 3. Aufl., 223 Seiten

Max von der Grün
(45) vergriffen

Christa Wolf
(46) 5. Aufl., 151 Seiten

Max Frisch
(47/48) 4. Aufl., 217 Seiten

H. M. Enzensberger
(49) 3. Aufl., 164 Seiten

Friedrich Dürrenmatt I
(50/51) 3. Aufl., 245 Seiten

Siegfried Lenz
(52) 2. Aufl., 88 Seiten

Paul Celan
(53/54) 3. Aufl., 185 Seiten

Volker Braun
(55) 65 Seiten

Friedrich Dürrenmatt II
(56) vergriffen

Franz Xaver Kroetz
(57) vergriffen

Rolf Hochhuth
(58) 67 Seiten

Wolfgang Bauer
(59) 53 Seiten

Franz Mon
(60) 80 Seiten

Alfred Andersch
(61/62) vergriffen

Ital. Neorealismus
(63) vergriffen

Marieluise Fleißer
(64) 95 Seiten

Uwe Johnson
(65/66) 2. Aufl., 212 Seiten

Egon Erwin Kisch
(67) 63 Seiten

Siegfried Kracauer
(68) 90 Seiten

Helmut Heißenbüttel
(69/70) 126 Seiten

Rolf Dieter Brinkmann
(71) 102 Seiten

Hubert Fichte
(72) 118 Seiten

Heiner Müller
(73) 2. Aufl., 214 Seiten

Joh. Christian Günther
(74/75) 142 Seiten

Ernst Weiß
(76) 88 Seiten

Karl Krolow
(77) 95 Seiten

Walter Mehring
(78) 83 Seiten

Lion Feuchtwanger
(79/80) 148 Seiten

Bisher sind in der Reihe TEXT+KRITIK erschienen:

Botho Strauß (81) 166 Seiten	**Ernst Jünger** (105/106) 167 Seiten	**Hans Joachim Schädlich** (125) 97 Seiten
Erich Arendt (82/83) 155 Seiten	**Eckhard Henscheid** (107) vergriffen	**Johann Gottfried Seume** (126) 116 Seiten
Friederike Mayröcker (84) 98 Seiten	**MachtApparatLiteratur. Literatur und ›Stalinismus‹** (108) 100 Seiten	**Günter de Bruyn** (127) 109 Seiten
Alexander Kluge (85/86) 155 Seiten	**Günter Kunert** (109) 95 Seiten	**Gerhard Roth** (128) 102 Seiten
Carl Sternheim (87) 112 Seiten	**Paul Nizon** (110) 99 Seiten	**Ernst Jandl** (129) 113 Seiten
Dieter Wellershoff (88) 116 Seiten	**Christoph Hein** (111) vergriffen	**Adolph Freiherr Knigge** (130) 107 Seiten
Wolfgang Hildesheimer (89/90) 141 Seiten	**Brigitte Kronauer** (112) 91 Seiten	**Frank Wedekind** (131/132) 185 Seiten
Erich Fried (91) 2. Aufl., 119 Seiten	**Vom gegenwärtigen Zustand der deutschen Literatur** (113) vergriffen	**George Tabori** (133) 106 Seiten
Hans/Jean Arp (92) 119 Seiten	**Georg Christoph Lichtenberg** (114) 91 Seiten	**Stefan Schütz** (134) 93 Seiten
Klaus Mann (93/94) 141 Seiten	**Günther Anders** (115) 103 Seiten	**Ludwig Harig** (135) 91 Seiten
Carl Einstein (95) vergriffen	**Jurek Becker** (116) vergriffen	**Robert Gernhardt** (136) 121 Seiten
Ernst Meister (96) 98 Seiten	**Elfriede Jelinek** (117) 3. Aufl., 127 Seiten	**Peter Waterhouse** (137) 98 Seiten
Peter Rühmkorf (97) 94 Seiten	**Karl Philipp Moritz** (118/119) 142 Seiten	**Arthur Schnitzler** (138/139) 2. Aufl., 201 Seiten
Herbert Marcuse (98) 123 Seiten	**Feinderklärung Literatur und Staatssicherheitsdienst** (120) 117 Seiten	**Urs Widmer** (140) 94 Seiten
Jean Améry (99) 85 Seiten	**Arno Holz** (121) 129 Seiten	**Hermann Lenz** (141) 104 Seiten
Über Literaturkritik (100) 112 Seiten	**Else Lasker-Schüler** (122) 102 Seiten	**Gerhart Hauptmann** (142) 117 Seiten
Sarah Kirsch (101) 104 Seiten	**Wolfgang Hilbig** (123) 99 Seiten	**Aktualität der Romantik** (143) 100 Seiten
B. Traven (102) 100 Seiten	**Literaten und Krieg** (124) 112 Seiten	**Literatur und Holocaust** (144) 97 Seiten
Rainer Werner Fassbinder (103) 2. Aufl., 153 Seiten		**Tankred Dorst** (145) 99 Seiten
Arnold Zweig (104) 105 Seiten		**J. M. R. Lenz** (146) 97 Seiten

Bisher sind in der Reihe TEXT+KRITIK erschienen:

Thomas Kling
(147) 122 Seiten

Joachim Ringelnatz
(148) 115 Seiten

Erich Maria Remarque
(149) 104 Seiten

Heimito von Doderer
(150) 113 Seiten

Johann Peter Hebel
(151) 109 Seiten

Digitale Literatur
(152) 137 Seiten

Durs Grünbein
(153) 93 Seiten

Barock
(154) 124 Seiten

Herta Müller
(155) 227 Seiten

Veza Canetti
(156) 111 Seiten

Peter Huchel
(157) 98 Seiten

W. G. Sebald
(158) 119 Seiten

Jürgen Becker
(159) 130 Seiten

Adalbert Stifter
(160) 115 Seiten

Ludwig Hohl
(161) 111 Seiten

Wilhelm Genazino
(162) 108 Seiten

H. G. Adler
(163) 115 Seiten

Marlene Streeruwitz
(164) 92 Seiten

Johannes Bobrowski
(165) 113 Seiten

Hannah Arendt
(166/167) 198 Seiten

Stefan George
(168) 124 Seiten

Walter Kempowski
(169) 107 Seiten

Nicolas Born
(170) 125 Seiten

Junge Lyrik
(171) 119 Seiten

Wilhelm Raabe
(172) 114 Seiten

Benutzte Lyrik
(173) 116 Seiten

Robert Schindel
(174) 100 Seiten

Ilse Aichinger
(175) 117 Seiten

Raoul Schrott
(176) 104 Seiten

Daniel Kehlmann
(177) 91 Seiten

Jeremias Gotthelf
(178/179) 149 Seiten

Juden.Bilder
(180) 126 Seiten

Georges-Arthur Goldschmidt
(181) 94 Seiten

Grete Weil
(182) 115 Seiten

Irmgard Keun
(183) 109 Seiten

Carlfriedrich Claus
(184) 141 Seiten

Hans Jürgen von der Wense
(185) 129 Seiten

Oskar Pastior
(186) 108 Seiten

Helmut Krausser
(187) 117 Seiten

Joseph Zoderer
(188) 100 Seiten

Reinhard Jirgl
(189) 107 Seiten

Rainald Goetz
(190) 117 Seiten

Yoko Tawada
(191/192) 171 Seiten

Ingo Schulze
(193) 100 Seiten

Thomas Brasch
(194) 101 Seiten

Uwe Timm
(195) 95 Seiten

Literatur und Hörbuch
(196) 101 Seiten

Friedrich Christian Delius
(197) 97 Seiten

Gerhard Falkner
(198) 102 Seiten

Peter Kurzeck
(199) 97 Seiten

Hans Fallada
(200) 109 Seiten

Ulrike Draesner
(201) 101 Seiten

Franz Fühmann
(202/203) 179 Seiten

Sibylle Lewitscharoff
(204) 104 Seiten

Ulrich Holbein
(205) 101 Seiten

Ernst Augustin
(206) 98 Seiten

Felicitas Hoppe
(207) 93 Seiten

Angela Krauß
(208) 105 Seiten

Kuno Raeber
(209) 106 Seiten

Jan Wagner
(210) 103 Seiten

Bisher sind in der Reihe TEXT+KRITIK erschienen:

Emine Sevgi Özdamar
(211) 99 Seiten

Christian Dietrich Grabbe
(212) 108 Seiten

Kurt Drawert
(213) 106 Seiten

Elke Erb
(214) 109 Seiten

Wolf Wondratschek
(215) 103 Seiten

Christian Kracht
(216) 104 Seiten

Navid Kermani
(217) 95 Seiten

Marcel Beyer
(218/219) 178 Seiten

Christoph Ransmayr
(220) 91 Seiten

Terézia Mora
(221) 100 Seiten

Michael Lentz
(222) 110 Seiten

Ernst Toller
(223) 123 Seiten

Sven Regener
(224) 95 Seiten

Sibylle Berg
(225) 104 Seiten

Ulrich Peltzer
(226) 99 Seiten

Lukas Bärfuss
(227) 93 Seiten

Gabriele Tergit
(228) 105 Seiten

Thomas Hürlimann
(229) 98 Seiten

Loriot
(230) 96 Seiten

Sonderbände

Theodor W. Adorno
2. Aufl., 196 Seiten

Die andere Sprache. Neue DDR-Literatur der 80er Jahre
258 Seiten

Ansichten und Auskünfte zur deutschen Literatur nach 1945
189 Seiten

Ins Archiv, fürs Archiv, aus dem Archiv
194 Seiten

Aufbruch ins 20. Jahrhundert Über Avantgarden
312 Seiten

Ingeborg Bachmann
vergriffen

Bestandsaufnahme Gegenwartsliteratur
vergriffen

Ernst Bloch
305 Seiten

Rudolf Borchardt
276 Seiten

Bertolt Brecht I
2. Aufl., 172 Seiten

Bertolt Brecht II
2. Aufl., 228 Seiten

Georg Büchner I/II
2. Aufl., 479 Seiten

Georg Büchner III
315 Seiten

Comics, Mangas, Graphic Novels
272 Seiten

DDR-Literatur der neunziger Jahre
218 Seiten

Theodor Fontane
3. Aufl., 224 Seiten

Gelesene Literatur
283 Seiten

Johann Wolfgang von Goethe
363 Seiten

Oskar Maria Graf
224 Seiten

Graphic Novels
330 Seiten

Grimmelshausen
285 Seiten

Die Gruppe 47
3. Aufl., 353 Seiten

E. T. A. Hoffmann
213 Seiten

Friedrich Hölderlin
295 Seiten

Homer und die deutsche Literatur
303 Seiten

Jean Paul
3. Aufl., 309 Seiten

Franz Kafka
2. Aufl., 359 Seiten

Heinrich von Kleist
237 Seiten

Friedrich Gottlieb Klopstock
129 Seiten

Karl Kraus
vergriffen

Kriminalfallgeschichten
237 Seiten

Literarische Kanonbildung
372 Seiten

Literatur in der DDR. Rückblicke
307 Seiten

Literatur in der Schweiz
262 Seiten

Literatur und Migration
285 Seiten

Lyrik des 20. Jahrhunderts
300 Seiten

Bisher sind in der Reihe TEXT+KRITIK erschienen:

Martin Luther 265 Seiten **Heinrich Mann** 4. Aufl., 180 Seiten **Thomas Mann** 2. Aufl., 265 Seiten **Karl May** 299 Seiten **Moses Mendelssohn** 204 Seiten	**Österreichische Gegenwartsliteratur** 326 Seiten **Poetik des Gegenwartsromans** 213 Seiten **Pop-Literatur** 328 Seiten **Joseph Roth** 2. Aufl., 166 Seiten **Friedrich Schiller** 171 Seiten	**Theater fürs 21. Jahrhundert** 238 Seiten **Versuchte Rekonstruktion – Die Securitate und Oskar Pastior** 140 Seiten **Visuelle Poesie** 224 Seiten **Zukunft der Literatur** 204 Seiten